KB213445

전교1등을
만드는
초등
서술형
시험

전교 1등을 만드는

초등 서술형 시험

(전교 1등 공부법 No.4)

1판 1쇄 인쇄 2011년 9월 8일
1판 1쇄 발행 2011년 9월 20일

지은이 | 박기복
펴낸이 | 모흥숙
펴낸곳 | 상상채널
출판등록 | 제2011-0000009호

::: 이 책을 만든 사람들

편집 | 유아름, 정경화
기획 | 박윤희, 이경혜
교정 | 안종군(미래채널 실장)
표지 | 이기연(디박스 실장)
마케팅 | 배진호

종이 | 갑을지업
제작 | 현문인쇄

주소 | 서울시 용산구 후암동 123-1
전화 | 02-775-3241~4
팩스 | 02-775-3246
이메일 | naeha@unitel.co.kr
홈페이지 | http://www.naeha.co.kr

값 14,800원

ⓒ 박기복, 2011
ISBN 978-89-965861-4-2

전교1등을 만드는 초등 서술형 시험

초등 서술형 시험 완벽 대비!
중고등학교 성적 지금부터 준비하라.

박기복 지음

상상채널

박기복 선생님의 『전교 1등을 만드는 서술형 시험 공부법』을
읽은 독자들이 인터넷 서점에 올린 서평입니다.
독자가 읽고 추천한 이유를 만나 보세요.

서술형 시험에 효과적으로 대비하는 책

이 책은 서술형 시험의 특성을 심도 깊게 분석한 자료를 바탕으로 서술형 시험에 효과적으로 대비할
수 있는 구체적인 원리와 방법을 제시하고 있습니다.　　　　　　　　　　　　　　　(lmg64 님)

부모 필독서

가장 시급한 중등 학부모님들에겐 아주 요긴한 정보들이 있어서 부모 필독서가 되리라 생각되네요.
초등 부모님들에겐 더 준비되어가는 시간이 되는 책이라 생각합니다.　　　　　　　　(올리브 님)

서술형 문제에 대충은 없다

책을 읽으며 진정한 공부다운 공부를 위해서는 서술형 시험의 비중을 높여야 한다는 생각을 가지게
되었다. 정확하게 문제의 핵심을 파악하여 써 내려가는 서술형 문제에 있어 대충이란 있을 수 없다.

　　　　　　　　　　　　　　　　　　　　　　　　　　　　　　　　　　　　　(woman1 님)

노랑색 펜으로 줄을 그어가며 읽었다

이 책은 어떻게 공부를 하는 것이 바람직한 공부인지를 명확하게 가르쳐 주었다. … 노랑색 펜으로 줄
을 그어가며 여러 번 읽으면서 과목별 서술형 공부법을 익히게 해 준 고마운 책이다.

　　　　　　　　　　　　　　　　　　　　　　　　　　　　　　　　　　(minyoung-70 님)

아이의 공부법에도 영향을 미치는 책

이 책을 읽으면서 분명 얻어가는 열매가 많은 책이었으며, 아이의 공부법에도 영향을 미치는 책이었답
니다. 그 비밀은 …… 이 책 한 권에 있답니다. 꼭 추천해 주고 싶은 도서랍니다.　　(로즈마리요리 님)

줄을 칠 곳이 너무 많았다

학교에서 서술형만으로 이루어진 국어, 수학, 사회, 과학 4과목의 시험을 쳤다. 집에 돌아온 아이의 표정은 좋지 않았다. …… 결국 연필을 내려놓는다. 줄을 칠 곳이 너무 많아서 이러다가 진짜 무엇이 중요한지 알 수 없을 지경이었다.

(희망꽃 님)

이 책에 답이 있네요

서서히 자리 잡아가고 있는 서술형 시험에 잘 대비하려면 어떻게 해야 할까요? 바로 이 책에 답이 있네요.

(초롱이와또롱이 님)

이 책을 적극적으로 추천

이 책을 통해서 조금 더 관심과 자심감을 갖고 노력해야겠다는 희망도 보았습니다. 끝으로 서술형 문제에 조금이라도 관심과 노력이 필요하시다면 이 책을 적극 추천 드리고 싶습니다.

(민중이아빠 님)

아주 속 시원한 책

아이들의 현명한 공부 방법을 위해 폭넓은 경험 활동과 독서활동을 주입식 교육보다 더 많이 접할 수 있도록 도와주어야 하는 것이 우리 부모가 할 역할임을 다시 한 번 깊게 느낄 수 있는 아주 속 시원한 책이었습니다.^^

(윤기네 님)

처음부터 시험에 나올 문제는 정해져 있다

서술형 시험을 생각하면 막연하게 논술을 떠올리게 되며 자신의 생각을 적는 것이라고 생각합니다. … 처음부터 시험에 나올 문제는 정해져 있다는 것입니다.

(ny**hgptnr 님)

서술형 시험에 갈팡질팡하는 분에게

이 글을 쓰신 박기복 선생님은 시험공부를 효과적으로 하는 법을 알려 주는 시험 멘토라고 합니다. 나처럼 서술형 시험에 대해 궁금하고 갈팡질팡하는 분들께 꼭 권하고 싶은 지침서같은 책이네요.

(ch**ose 님)

구체적인 안내서

이 책은 막연하게 두려워하는 학생들을 다독이며 서술형 시험에 대한 노하우와 어떻게 공부하고, 과목별 적정한 공부법은 무엇인지에 대해 구체적으로 안내해 주고 있다.

(blue&blue 님)

※ 서평을 올린 독자님의 스타일을 살리기 위해 표현은 그대로 두었습니다.

올백에 대한
욕심을 버려라

올백은 모든 초등학생 엄마들의 꿈이다. 사실 중·고등학교 때 올백을 맞는 것은 쉬운 일이 아니다. 수능에서는 가끔 만점이 나오기는 하지만 이 또한 매우 드문 일이다. 굳이 말하자면 중학교 이상의 과정에서 올백은 꿈의 점수라고 할 수 있다. 그런데 유독 초등학교에서는 부모들이 올백을 기대한다.

초등학교 때 올백을 맞으려면 모든 것을 꼼꼼하게 기억해야 한다. 조금이라도 부족한 부분이 있으면 올백을 맞기 어렵다. 따라서 하루 종일 공부만 해야 한다. 그런데 이런 방식으로 공부를 하면 초등학교 성적은 좋을지 몰라도 중·고등학교 때의 서술형 시험에서는 낭패를 보기 쉽다. 결론적으로 말해서 올백을 맞기 위해 하는 공부는 서술형 시험을 망치는 지름길이다. 그 이유는 무엇일까?

초등학교 때는 독서와 탐구, 체험, 놀이, 창조적인 탐색 등이 중요하다. 초등학교 때 이러한 경험을 가져야만 중·고등학교 때 높은 성적을 기대할 수 있다. 특히 서술형 시험에서는 이런 경험을 가진 학생이 훨씬 유리하다. 초등학교 때 올백을 맞으려면 많은 시간을 문제 풀이에 투자해야 한다. 따라서 차분하게 책을 읽거나, 탐구하거나, 체험을 하거나, 창조적인 탐색을 할 시간이 줄어든다. 평소 공부에만 매달리던 학생이 중·고등학교에 진학하면서 성적이 떨어지는 이유는 바로 이 때문이다.

특히 서술형 시험에서는 올백을 맞기가 어렵다. 단순 암기가 아니기 때문이다. 오탈자 하나, 약간의 실수만으로도 1~2점을 감점 당하기 쉽다. 따라서 모든 과목에서 실수를 전혀 하지 않고 서술형을 완벽하게 본다는 것은 불가능에 가깝다. 그리고 서술형 시험에 대비하여 공부를 하면서 객관식 및 단답식 문제에도 대비하려면 많은 시간을 공부에 투자해야 한다. 그런데 역설적이게도 후자의 시험 유형에 투자할수록 서술형 시험 능력은 떨어진다.

초등학교 때는 올백에 대한 미련을 과감히 버려야 한다. 아니, 어느 과목이든 100점에 대한 미련도 버리는 것이 좋다. 그저 능력에 맞게 공부하고, 그에 걸맞은 성적을 얻으면 충분하다. 이보다 더 중요한 것은 중·고등학교 때의 공부에 대비하는 것이다. 눈앞의 공부보다는 상위 학교에서 공부를 잘하기 위한 바탕을 마련하는 것이 급선무이기 때문이다.

최근 중·고등학교에서는 '서술형 광풍'이 불고 있다. 말 그대로 '광풍'이다. 서술형은 완전히 낯선 시험이다. 시험에서 차지하는 비중도 높다. 따라서 서술형이 중·고등학교 때의 성적을 좌우한다. 중·고등학생들에게 서술형 시험은 발등의 불이다. 그런데 대부분의 중·고등학생들은 서술형 시험 능력을 제대로 갖추지 못하고 있다. 그동안 자신도 모르게 객관식 및 단답식 문제에 길들여져 왔기 때문이다.

서술형 시험 능력은 초등학교 때 길러야 한다. 초등학교 때는 눈앞의 성적에 일희일비하지 말고, 중·고등학교 때에 공부를 잘할 수 있는 능력을 키워 주어야 한다. 초등학교 시절, 서술형 시험을 잘 보는 능력을 기르려면 어떻게 해야 할까? 이 책은 부모들의 이러한 고민을 해결할 방법을 담고 있다.

솔직히 능력만 제대로 기른다면 서술형 시험이 골라잡기 문제보다 쉽다. 서술형 시험이 쉽고 어려운 것은 서술형 시험 능력을 얼마나 제대로 길렀느냐에 달려 있다. 이 능력만 제대로 기른다면 내 아이도 1등이 될 수 있다. 서술형 시험은 1등이 아니었던 아이가 1등이 될 수 있는 기회를 제공한다.

時雨 박기복

Contents

Prologue. 올백에 대한 욕심을 버려라

Part 01
서술형 시험이 중위권 아이를
상위권으로 만든다

Part 02
서술형 시험에 강한 아이로 키우는
10가지 전략

Part 03
서술형 시험을 위한
엄마표 글쓰기 코칭

| 아빠표 글쓰기 코칭 No.1 |
아빠가 경험한 세상을 들려 주어라 _136

Part 04
서술형 공부습관을 만드는
시간 코칭

Part 05
서술형 만점을 위한
과목별 5가지 키워드

 **Part 01**

객관식 문제는 다섯 가지 중에서 정답일 것 같은 문항

하나를 고르는 것이다. 단답식은 문제를 보고 기억이 떠오르면

바로 쓰면 된다. 하지만 서술형은 '골라잡기'를 할 수 없다.

그렇다고 해서 기억하는 대로 쓰지도 못한다. 서술형 문제에

답하려면 문제가 요구하는 조건을 읽고, 자료를 분석하며,

기억과 자료를 연결하고, 이를 문장으로 표현해야 한다.

당연히 서술형 시험은 낯설고 어렵다. 낯설고 어렵기 때문에

기존에 객관식 및 단답식 문제에 강하던 아이들이

흔들리고 있는 것이다.

서술형 시험이
중위권 아이를
상위권으로
만든다

객관식 100점을 맞던 아이, 서술형 70점에 울다

Chapter
01

　민주(가명)는 시험 점수를 받아 보더니 어쩔 줄 몰라 했다. 자기가 받은 점수가 믿어지지 않는 듯했다. 초등학생이 된 이후 그 어떤 곳에서도 이런 점수를 받아 본 적이 없었기 때문이다. 학교에서든 학원에서든 시험을 보기만 하면 백점이었고, 어쩌다 실수해서 하나를 틀리면 억울해 하는 아이였다. 학교 시험에서 올백도 여러 번 받았던 민주였다. 그런 민주가 90점대도 아니고 70점을 받았으니 당황하는 것은 당연했다. 시험지와 자기 점수를 번갈아 쳐다 보던 민주의 눈은 점점 붉어졌다. 학교 시험도 아니고, 부모님께 결과를 알려 주지도 않는 시험이었지만 70점을 맞았다는 사실 자체에 충격을 받은 듯했다. 민주는 금방이라고 울 것 같은 표정이었지만 주위 아이들의 시선을 의식한 듯 입술을 깨물더니 눈물은 흘리지 않았다. 그러나 속으로는 펑펑 울고 있는 듯했다.

　이날 수업은 초등학교 5학년과 함께 한 역사수업이었다. 평상시에는 수업을 하고 단답식이나 객관식으로 시험을 보았다. 시험 난이도는 그리 어렵지 않았다. 수업 시간에 집중한 학생이면 얼마든지 답할 만한 수준이었다. 그날은 학생들에게 예고를 했다.

"오늘은 서술형으로 볼 거야."

아이들은 모두 손사레를 쳤다. 공부를 잘하는 아이도, 공부를 못하는 아이도 마찬가지였다.

"왜 서술형으로 시험을 봐요?"
"앞으로 서술형 시험이 늘어난다잖아. 너희들이 얼마나 서술형 시험 능력을 갖추었는지, 서술형 시험을 볼 준비가 되어 있는지를 확인해 보려고 그래."
"서술형 시험은 너무 어렵잖아요."
"물론 단답식보다 어렵지. 그러니까 해 보는 거야. 너무 걱정은 하지 마. 수업할 때 시험에 낼 내용은 전부 알려 줄 테니까."

이렇게 겨우 아이들을 달랜 후에 수업을 진행했다. 필자는 일부러 시험에 낼 내용을 거의 완전하게 가르쳐 주었다. "○○ 부분에 밑줄을 그어라.", "○○ 부분이 중요하다.", "○○은 반드시 기억해야 한다."는 식으로 사실상 모든 시험 문제를 알려 주었다. 너무 노골적이어서 그런지 답을 가르쳐 주고 보는 시험이나 마찬가지였다. 수업을 끝내고 중요한 부분을 공부할 시간도 따로 주었다. 서술형이니만큼 평상시보다 더 많이 준비하도록 했다. 아이들은 열심히 준비했다. 그리고 시험을 치렀다.

그런데 결과는 가히 충격적이었다.

간혹 하나 정도만 틀리던 민주는 겨우 70점을 맞았다. 다른 아이들은 더 심각했다. 평상시에 80~90점을 맞던 아이가 50~60점, 심지어는 30~40점대로 떨어지기도 했다. 점수를 매긴 필자조차도 충격을 받았다. 평소 시험 평균은 75~80점이었는데, 서술형 시험 평균은 60점 이하였다. 평소보다 특별히 어려운 내용도 아니고, 시험에 낼 문제를 거의 다 가르쳐 주기까지 했는데도 점수가 이렇게 나오다니 정말 믿어지지 않았다. 필자는 도대체 무엇이 문제인지 확인해 보고 싶었다. 그래서 아이들과 이야기를 나누었다.

33점을 맞은 아이는 "분명 아는 내용인데 막상 쓰려고 하니까 어떻게 써야 할지 모르겠어요."라고 대답했고, 64점을 맞은 아이는 "단답형으로 물었으면 모두 답했을 거예요. 그런데 문장으로 쓰는 것은 너무 어려워요."라고 대답했다.

민주는 "전 분명히 제대로 썼어요. 왜 틀렸는지 모르겠어요."라면서 울먹였다. 필자는 민주의 답안지를 보고, 민주가 왜 그 점수를 얻었는지, 틀린 이유는 무엇인지를 구체적으로 설명해 주었다. 자신이 왜 70점을 맞았는지를 알게 된 민주는 입술을 깨물었다. 하지만 도대체 무엇이 잘못되었는지 이해하지 못하는 표정이었다. 자기는 평소대로 공부했고, 수업도 열심히 들었다. 그런데 왜 객관식, 단답식은 늘 100점을 맞던 자신이 서술형 시험에서 70점밖에 얻지 못했는지 납득하지 못했다. 늘 100점을 맞던 민주가 서술형 시험에서 왜 70점을 맞았는지, 이제부터 차근차근 알아보자.

서술형 시험,
연필을 굴리는 시대는
끝났다

Chapter
02

학창시절, 시험을 볼 때 연필 굴리거나 지우개를 던져 답을 고른 추억은 누구에게나 있다. 공부를 잘하는 아이들도 때로는 모르는 문제가 나오기 마련이고, 이럴 때는 실력이 아니라 운에 맡겨야만 한다. 다섯 문항 중에서 옳은 것 또는 틀린 것을 고르는 문제 유형을 '객관식'이라고 한다. 객관식은 한마디로 '골라잡기 시험'(이 책에서는 설명을 좀 더 사실적으로 하기 위해 '객관식 시험'을 '골라잡기 시험'이라 표현한다.)이다. 골라잡기 시험에서는 몰라도 정답을 고를 수 있다. 다섯 개 가운데 하나만 고르면 되므로, 답을 전혀 몰라도 정답을 맞출 확률이 20%나 된다. 더욱이 이 중 몇 개라도 알고 있으면, 몰라도 맞을 확률이 높아진다.

확률이 올라가기는 해도 어쨌든 모르면 찍어야 한다. 찍으면 틀릴 확률도 그만큼 높다. 그러나 골라잡기 시험에서는 모를 때 찍기만 하는 것이 아니다. 완전히 몰라도 정답을 정확히 골라 낼 수 있다. 예를 들어

옳은 것을 고르라고 했을 때 네 문항은 틀린 것이 확실하지만, 하나는 제대로 몰라도 정답을 고를 수 있다. 즉, 네 개는 명백하게 답이 아니므로, 정확히는 모르지만 나머지 하나가 답이 분명하기 때문이다.

따라서 골라잡기 시험으로는 진짜 실력이 어느 정도인지, 배운 것을 정확하게 이해했는지를 확인할 수 있는 방법이 없다. 맞았다고 해서 다 안다고 할 수 없고, 틀렸다고 해서 전혀 모른다고 할 수도 없는 것이다. 즉, 어디까지가 행운이고, 어디까지가 실력인지 구별이 되지 않는다.

주관식, 모르면 답을 하지 못한다

골라잡기 시험은 행운이 너무 많이 작용한다. 이를 막기 위해서 도입한 것이 주관식 시험이다. 주관식은 모르면 답을 하지 못한다. 주관식은 완전하게 알아야만 답을 할 수 있다. 답을 하면 아는 것이요, 답을 제대로 하지 못하면 모르는 것이다. 따라서 주관식은 행운이 아니라 실력으로 점수가 결정된다. 행운으로 얻을 수 있었던 점수가 사라지면서 점수가 내려간다. 주관식 시험은 단답식 형태로 이미 각 학교에서 많이 실시되었다. 단답식 시험이 시행되면서 특히 중하위권 학생들이 어려움을 겪었다. 골라잡기 시험은 완벽하게 공부하지 않아도 답을 고를 수 있었는데, 단답식 시험에 답을 쓰려면 정확히 알아야만 하기 때문이다. 원래 중하위권 학생들은 정확하게 공부를 하기보다는 대충 공부하는 습관이 들어 있기 때문에 단답식 시험이 확대되면서 시험에 애를 먹고 있는 것이다. 다음의 예를 살펴보자.

Q. 다음은 우리나라 인쇄 역사에 대한 설명이다.
틀린 것을 고르시오.

① 세계에서 가장 오래된 목판 인쇄물은 무구정광대다라니경이다.
② 금속활자로 인쇄된 가장 오래된 책은 직지심체요절이다.
③ 직지는 청주 흥덕사 옛터에서 발견되었다.
④ 우리의 전통 종이인 한지는 몇백 년이 지나도 보존 상태가 좋다.
⑤ 금속활자 기술이 발명된 뒤 책을 인쇄하는 산업이 크게 번창하였다.

골라잡기 시험은 몰라도 답을 고를 수 있다. 정확히 알고 있는 내용
이 네 문항이면 나머지 하나를 몰라도 답을 골라잡을 수 있다. 세 문항
을 정확히 알고 두 문항을 몰라도 조금만 진지하게 생각하면 정답을
선택하는 데 큰 어려움은 겪지 않는다.

위 문제를 보자. 문항 ①∼④는 모두 맞는 것으로, 상식적으로 알고
있는 지식이다. 반면에 ⑤번 문항은 맞는지, 안 맞는지 확신할 수 없을
것이다. 그러나 정확히 몰라도 상관없다. ①∼④번이 맞는 말이므로,
어차피 답은 ⑤번이기 때문이다.

주관식은 단답식과 서술형으로 나누어진다. 단답식은 암기하고 있
는 내용을 한두 단어로 쓰는 시험이고, 서술형은 문장으로 답하는 시
험이다.

Q. 세계에서 가장 오래된 목판 인쇄물은 무엇인가?

이 문제에 답하기 위해서는 세계에서 가장 오래된 목판 인쇄물이 무엇인지 정확히 알아야 한다. '무구정광⌒' 까지만 기억해도 안 된다. '무구정광대다라니경'이라는 이름을 정확히 기억해야 한다. 그래야 답할 수 있다. 철자가 틀려도 안 된다. '무구정관대다라니경'이라고 쓰면 틀린다.

단답식은 골라잡기가 불가능하기 때문에 골라잡기보다 정확하고, 세밀한 공부가 필요하다. 그러나 단답식이 무조건 골라잡기보다 어려운 것은 아니다. 정확하게 기억하기만 하면 잘 모르는 문항 때문에 헷갈릴 필요가 없으므로 골라잡기보다 더 쉬울 수도 있다. 그래서 공부 잘하는 학생들은 골라잡기보다 단답식을 더 쉽게 여긴다.

서술형 시험,
암기만으로 쓰지 못한다

Chapter
03

앞에서 소개한 문제를 서술형으로 바꾸면 다음과 같다.

Q. 다음 주어진 자료를 보고 질문에 답하시오.

무구정광대다라니경

직지심체요절   한지 제조 과정   구텐베르크 금속활자

01. 역사에서 드러난 우리나라 인쇄 기술의 우수성을 두 가지 쓰시오.

02. 서양은 구텐베르크의 금속활자가 발명된 뒤 인쇄 산업이 크게 발전하였 지만, 우리나라는 그렇지 못했다. 그 이유는 무엇인지 쓰시오.

물어보는 내용은 '골라잡기'나 '단답식'과 동일한데, 문제가 어렵게 느껴진다. 문장으로 써야 하기 때문이다. 서술형 1번 답은 '골라잡기 시험의 ① , ② , ④의 내용을 쓰면 된다.

 1번 답

첫째, 세계 최고의 목판인쇄물, 세계 최초의 금속활자는 우리 인쇄 기술이 세계에서 가장 발전하였음을 보여 준다.

둘째, 한지는 품질이 매우 뛰어나기 때문에 몇백 년이 지나도 보존 상태가 좋다.

암기만으로는 충분하지 않다.

이 정도 지식은 공부를 조금이라도 한 학생이라면 다 안다. 골라잡기를 할 때는 내용을 알기 때문에 쉽게 답을 고를 수 있었다. 그러나 직접 쓰려고 하면 그리 쉽게 글로 나오지 않는다. 문장을 정확하게 완성하고, 핵심을 포함하며, 깔끔하게 서술하기가 쉽지 않다. 골라잡기 시험이나 단답식 시험에서는 알면 곧바로 정답을 고를 수 있었지만 서술형에서는 아는 것을 글로 정확하게 표현하지 못하면 완전한 점수를 얻지 못한다. 서술형에 익숙하지 않은 많은 학생들은 알고도 제대로 답변하지 못해 감점을 당한다. 즉, 핵심어를 빠뜨린다든지, 문장을 제대로 완성하지 못하든지, 오탈자 때문에 감점을 당한다.

더 중요한 것은 이 모든 내용을 다 암기하고 있다고 하더라도 암기한 내용이 바로 이 문제에 해당하는 것인지 떠올리지 못하는 학생이 많다는 점이다. 서술형 시험 문제를 보자. 이 문제는 자료를 보고 자신이 알고 있는 지식을 연결해서 떠올려야 한다. 그냥 암기하고 있다고 해서 답을 쓸 수 있는 것이 아니다. 문제를 분석하여 자신이 알고 있는 내용과 연결해야 한다. 이를 표로 정리하면 다음과 같다.

구분	질문	생각하는 과정	답변	
골라잡기 단답식	직접적인 질문	기억을 떠올리기만 하면 됨.	기억한 대로 답변	
서술형	자료 해석이 필요한 질문	자료 해석 필요 논리적/창의적 사고	분석한 내용과 기억을 연결하여 답변	정확한 문장으로 표현

골라잡기와 단답식에서는 암기가 곧바로 점수였다. 즉, 잘 외우면 높은 점수를 얻을 수 있었다. 반면에 서술형은 중간에 사고 과정이 더 들어가기 때문에 외우고 있다고 해서 바로 답변을 하지 못한다. 답변을 할 때도 문장으로 정확히 쓰는 과정을 반드시 밟아야 한다. 그러므로 알고도 정답을 쓰지 못하는 경우가 발생한다.

서술형이 '골라잡기 시험'보다 어려운 이유

서술형 2번은 더욱 어렵다. 이 문제는 골라잡기 시험의 ⑤번 문항과 동일하다. 구텐베르크의 금속활자가 발명된 후에 서양은 인쇄 산업이 출현하고, 그 이전과 비교할 수 없을 정도로 책이 증가하였다. 반면에 우리는 훨씬 우수한 인쇄 기술을 보유하고 있었음에도 인쇄술이 널리 보급되거나, 많은 책이 만들어지지 않았다. 이는 기본적으로 한글이 아니라 한자가 지배적인 글자였다는 점, 지배 계층이 자신들의 지식 독점이 깨지는 것을 두려워하여 서적의 인쇄를 적극 장려하지 않은 점 등이 작용했다. 서양의 경우 종교개혁, 신항로개척, 과학기술의 발달과 맞물려 인쇄산업이 발전할 수 있는 토대가 마련된 점도 우리와 다르다. 답은 이 중 하나만 쓰면 된다.

골라잡기 문제와 비교해 보면 문제가 얼마나 어려워졌는지 확실해진다. 골라잡기 문제 ⑤번 문항을 정답으로 고를 때는 동서양의 차이, 우리나라의 인쇄술이 서적의 대량 출판으로 연결되지 않는 이유를 몰라도 된다. 하지만 서술형으로 답하려고 하면 반드시 알아야 한다. 골라잡기는 대충 공부해도 점수가 높게 나왔지만, 서술형 시험에서는 대충 공부하면 알 듯 모를 듯 헷갈려서 제대로 답을 하지 못한다. 따라서 골라잡기처럼 대충 공부하면 서술형 시험에서는 큰 코 다친다.

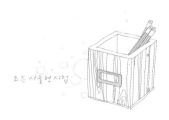

서술형 시험이
점수를 결정한다

Chapter
04

몇 해 전까지만 해도 서술형 시험 확대 이야기가 나오기는 했지만 현실은 아니었다. 학교 현장에서도 서술형 시험을 본다고는 했지만 무늬만 서술형이었고, 실제로는 단답식이었다. 그러나 이제 서술형은 현실이다. 적게는 30%에서 많게는 50%까지 서술형으로 출제된다. 갑작스럽게 서술형이 확대되면서 수많은 학생들이 당황하고 있다. 낯선 문제에 두려움을 느끼고 있는 것이다.

대부분의 학생들은 다음과 같이 말한다.

"아니, 도대체 왜 그렇게 까다롭게 시험을 내는 거죠?"
"완전히 우리만 죽으라는 소리죠."

"단답식 시험 대비하는 것도 어려운데, 서술형이라니 진짜 미치겠어요."

초등학생이 보는 서술형 시험은 솔직히 본격적인 서술형 시험이라고 하기는 어렵다. 그냥 자기 생각을 묻는 문제도 많고, 문제 난이도도 오히려 골라잡기보다 쉽게 느껴지는 경우도 있다. 그러나 그것은 초등학교 때뿐이다. 중학교 이상이 되면 서술형 시험의 난이도는 골라잡기·단답식 시험과는 비교할 수 없을 정도로 높아진다.

서술형 문제라고 해서 골라잡기 문제보다 무조건 어려운 것은 아니다. 때로는 골라잡기에서는 전혀 답하지 못했던 것도 서술형에서는 답하는 경우가 생긴다. 학생들이 서술형 시험을 어렵게 느끼는 것은 '실제 난이도'가 아니라 '체감 난이도'가 높기 때문이다. 일단 문제 형식이 낯설다. 어릴 때부터 항상 접했던 문제가 아니기 때문에 어렵게 느껴진다. 글쓰기에 자신 없는 것도 하나의 원인이다. 자신 있게 글을 쓰는 학생은 서술형 시험도 그리 어렵게 느끼지 않는다. 무엇보다 체감 난이도를 높이는 요인은 자신이 답변을 해 놓고도 이것이 정말 정답인지, 아닌지 확신이 들지 않는다는 것이다. 골라잡기나 단답식은, 확실히 아는 문제인 경우 정확한 답인지의 여부를 자신이 확신할 수 있다. 그러나 서술형은 자신이 100% 확신한다고 해도 무언가 실수를 할 수도 있고, 10점 만점에 무조건 10점을 받으리라는 확신이 서지 않는다. 서술형이 어렵게 느껴지는 이유는 바로 이 때문이다.

서술형 시험을 확대하는 이유

안 그래도 시험 때문에 스트레스를 받는 학생들이 많은데, 교육청과 학교는 왜 서술형 시험을 확대하려는 것일까? 혹시 학생들을 더 고생시키려고 서술형 시험을 확대하는 것은 아닐까?

서술형 시험을 확대하려는 이유는 다음과 같다.

첫째, 골라잡기는 문제 푸는 기술만 향상시키기 때문이다. 골라잡기는 고르기 실력만 기를 뿐이다. 잘 고른다고 해서 정말 지식이 뛰어나고, 실력이 출중한 것은 아니다. 골라잡기 공부만 계속하면 골라내는 능력만 발휘될 뿐, 현실에서 실제로 필요한 능력은 길러지지 않는다. 골라잡기 시험은 적당히 눈치를 보아 찍는 능력만 기를 수 있을 뿐이다.

둘째, 암기는 컴퓨터와 인터넷으로 해결할 수 있기 때문이다. 21세기는 정보화 사회이다. 언제 어디서나 인터넷에 접속하여 원하는 지식을 얻을 수 있다. 이런 상황에서 머릿속에 지식 몇 개 더 있는 것은 별로 자랑할 거리도 못되고, 장점이 되지도 못한다. 아무리 뛰어난 암기왕도 무한한 지식의 바다인 인터넷이 가진 정보보다 많이 알고 있을 수는 없다.

셋째, 골라잡기와 단답식은 실제로 측정할 수 없기 때문이다. 학교 시험은 아는 정도를 정확하게 측정하여 부족한 점을 알아내고, 필요한 교육을 하기 위해서 실시한다. 시험의 본래 목적은 일등부터 꼴등까지 줄 세우기 위함이 아니라 학업 성취 정도를 정확하게 파악하는 데 있다. 그러나 골라잡기는 실력을 정확하게 측정하지 못한다. 몰라도 맞을 수 있고, 알아도 틀릴 수 있기 때문이다. 그나마 맞았다, 안 맞았다만 알 수 있을 뿐, 어느 정도 수준에서 이해하고 있는지 확인할 도리가 없다. 단답식도 마찬가지다. 그저 외우고 있는 것만 확인할 수 있을 뿐 정말로 이해하고, 활용할 만한 수준까지 도달했는지는 측정할 방법이 없다.

넷째, 대한민국이 필요로 하는 인재를 길러내야 하기 때문이다. 21세기는 정보화 사회, 세계화 사회다. 정보화 사회에서 필요한 인재는 단순 암기형 인간, 골라잡기를 잘하는 인간이 아니다. 창의, 논리, 추론, 분석, 표현력 등을 갖춘 인재가 필요하다. 골라잡기와 암기형 시험만으로는 이런 인재를 길러내지도, 추려내지도 못한다. 암기 잘한다고 해서 세계와 경쟁에서 이기는 인재가 되지는 못한다. 골라잡기, 단답식 문제가 줄 세우기는 편할지 몰라도, 대한민국이 정말 필요한 인간을 길러내는 데는 별로 쓸모가 없다.

서술형 시험이 점수를 결정한다

서술형 확대는 필연이다. 적게는 30%, 많게는 50%까지 서술형이 출제된다. 생각해 보자. 골라잡기 문제가 50%, 서술형 문제가 50%라고 가정하면 어디서 점수가 달라지겠는가? 당연히 서술형 시험에 의해 점수가 결정된다.

서술형이 50%를 차지하는 상황에서 선생님들은 골라잡기 문제를 지나치게 어렵게 내지 못한다. 왜냐하면 서술형을 학생들이 어려워한다는 점을 감안하면 골라잡기 문제를 어렵게 낼 경우 전체 점수가 지나치게 낮게 나오는 문제가 발생하기 때문이다.

골라잡기 문제를 어렵게 내지 못하는 이유는 또 있다. 골라잡기 시험의 문항 수는 12~13문제밖에 안 된다. 이 중 난이도가 쉬운 문제가 30%, 중간 수준이 40%, 어려운 수준이 20%, 최고난이도 10%라고 보면 기껏해야 한두 문제만이 아주 어렵게 나오는 셈이다. 결국 어느 정도 공부한 학생이면 풀 수 있는 문제가 골라잡기 문제로 나온다는 뜻이다. 결국 점수는 서술형에서 얼마나 점수를 얻느냐에 달려 있다.

100점을 맞던 아이가 70점을 맞은 이유

Chapter 05

　민주가 70점을 맞은 며칠 뒤, 민주 어머니가 찾아왔다. 민주와 함께 찾아온 어머니는 심각한 얼굴이었다. 반 1등을 넘어, 전교 1등을 다투는 민주가 단 한 번의 시험이기는 하지만 70점을 맞았다는 사실에 충격을 받은 모양이었다. 그것도 앞으로 확대될 예정인 서술형 시험에서 맞은 점수이니 걱정이 클 수밖에 없었을 것이다. 필자는 민주에게 설명하던 대로 시험지를 앞에 놓고 어떤 부분 때문에 감점을 당했는지 최대한 자세히 설명을 해 주었다.

핵심어를 놓친다

"답변할 때 빼 놓으면 안 되는 핵심 단어를 두 번이나 놓쳤네요."

민주 어머니가 말했다.

"네. 맞습니다. 서술형 시험을 볼 때는 요구하는 핵심어를 반드시 포함시켜야 해요. 이를 포함했느냐, 하지 않았느냐가 결정적이죠."
"그래도 알고 있는 것은 분명한데……, 핵심어는 빠졌지만 기본적인 것은 알고 있잖아요. 그런데도 감점을 시키나요?"
"물론 저도 채점을 하면서 민주가 알고 있다는 것은 확신했습니다. 하지만 정확히 알고 있다고 판단하기 어려웠죠. 핵심어는 정확하게 알고 있느냐의 여부를 판가름하는 열쇠입니다. 이것이 있느냐 없느냐에 따라 완전하게 아는지의 여부가 결정되지요."
"핵심어라, 조금 채점자 중심인 것 같군요."
"맞습니다. 솔직히 대화를 나누면서 채점을 한다면 민주가 정확히 아는지 여부를 핵심어의 포함과 상관없이 알 수 있겠죠. 하지만 손으로 써서 답변하는 시험에서는 지레 짐작으로 점수를 줄 수가 없습니다. 그래서 핵심어에 주목하게 되는 것입니다. 여러 학생들을 채점하기 위해서는 어떤 기준이 필요한데, 그 기준이 핵심어입니다. 핵심어를 정해 두고 그 개념과 최대한 유사한 어휘를 사용했느냐 여부를 근거로 채점을 해야 채점의 공정함이 확보되거든요."

그때서야 민주 어머니는 고개를 끄덕였다.

"핵심어를 정확히 짚는 연습이 필요하겠네요. 민주는 그것이 부족했던 것이고."

조건을 지키지 않는다

"자세히 살펴보니 핵심어뿐만 아니라 조건을 지키지 않아서 감점을 당한 것도 두 개나 되는 군요."
"네. 정확히 보셨어요."
"시키는 대로 정확히 써야 하는데 그것을 못했으니 감점을 당하는 것은 당연하지요."
"조건은 채점을 위해 제시하는 것이니까요."
"그런 것 같네요. 문제가 요구하는 조건이 없다면 민주가 답한 것을 틀렸다고 하기 어려운데, 조건이 있으니 '이 문제는 어느 정도 틀린 것이로구나.'하는 생각이 절로 드네요."
"네, 맞습니다. 조건을 제시해 놓으면 어머님 말씀대로 채점하기가 편해집니다. 무엇보다 무한정 다양한 답변이 나오는 것을 방지해 줍니다. 너무 다양하면 채점하기 어렵거든요."
"그러네요. 그렇다 해도 이렇게 까다로운 조건을 주면 답하기가 쉽지 않겠어요."
"네. 어렵죠. 초등학교 수준에서는 이렇게 까다로운 조건이 주어지는 경우는 드뭅니다. 그러나 중학교, 특히 고등학교에 가면 조건이 매우 까다롭죠. 복잡하기도 하고요. 그래도 대입논술보다는 덜한 편입니다. 대입논술은 한 두 문장에 대여섯 개의 조건을 제시하기도 합니다."

"어릴 때부터 조건에 맞게 쓰는 법에 익숙해져야 하겠네요."

문장의 완성도가 떨어진다

민주의 답지를 자세히 살펴보던 민주 어머니는 고개를 갸우뚱했다.

"여기 이 문제는 정확하게 답변을 했는데 감점을 했네요."

"네, 문장을 제대로 완성하지 않았기 때문입니다."

" '때문이다'로 끝내지 않았기 때문에 틀렸다니 조금 억지스럽네요. 민주는 '때문에'라고 썼는데."

"따지고 보면 그렇죠. '때문이다'나 '때문에'나 마찬가지입니다. 하지만 문제의 조건은 분명히 '완성된 문장으로 쓰시오.'입니다. 따라서 문장을 완성해야죠. '때문에'가 아니라 '때문이다'라고 써야 합니다. 물론 틀린 것이 아니고, 문장이 어긋나는 정도도 크지 않아서 1점을 감점하는 정도지만, 만일 학교 시험에서 이렇게 문장을 완성하라는 조건을 지키지 않았다면 더 큰 점수로 감점이 될 수도 있습니다."

"문장 하나도 꼼꼼하게 써야 하니, 참 골치 아프네요."

"맞습니다. 그래서 서술형 시험이 어려운거죠. 초기에만 그럴 거예요.

조금 익숙해지면 이런 실수로 틀리는 경우는 없을 겁니다."

"문장 쓰기 연습을 제대로 해야겠네요. 평소에 민주가 글쓰기를 별로 좋아하지 않아서 일부러 시키지는 않았는데, 이제 틈만 나면 꼼꼼하게 쓰는 연습을 시켜야겠어요."

서술형 공부습관으로 변화가 필요하다

대화를 나누면서 민주 어머니는 민주가 부족한 점을 정확히 짚어냈다. 그러나 문제는 거기만 있는 것이 아니었다. 민주의 진짜 문제는 골라잡기식 문제 풀이, 단답식 문제 풀이에 적합한 형식의 공부 방법에 너무 길들여져 있다는 점이었다.

골라잡기는 정확히 몰라도 답을 고를 수 있다. 대략적으로 이해만 하고 있어도 답을 고르는 데 어려움을 겪지 않는다. 단답식은 외우고만 있으면 문제를 푸는 데 아무런 지장이 없다. 민주는 골라잡기에 적합한 공부를 했고, 외우는 것만으로 공부를 다 했다고 생각했다. 그리고 그런 잘못된 습관이 서술형 시험에서 한계를 드러낸 것이다.

서술형 시험이
중위권 아이를
상위권으로 만든다

Chapter
06

　서술형 시험이 확대 시행되자 많은 학원과 학생들이 공통적으로 택하는 방법이 두 가지 있는데, 하나는 무조건 다 외워 버리는 것이고, 다른 하나는 서술형 문제를 많이 푸는 것이다.

　암기는 무식한 방법이다. 그 모든 내용을 다 암기하는 것은 시간 낭비이고, 비효율적이다. 앞서 이야기했듯이 단답식은 외우면 썼지만 서술형은 외워도 못 쓴다. 물론 쉬운 서술형은 외우면 쓸 수 있다. 하지만 창의력을 요구하는 문제, 분석력을 요구하는 문제, 논리력을 요구하는 문제는 외워도 못 쓴다. 암기를 아무리 많이 한다고 해도 서술형 시험에는 제대로 대비하지 못한다.

　서술형 문제를 많이 푸는 것은 나름대로 괜찮은 방법이다. 일단 문제 형태에 익숙하지 않은 학생들이 서술형 문제를 푸는 과정에서 서술형에 익숙해지기 때문이다. 자꾸 해 보아야 잘하는 것처럼 서술형 문제 풀이를 많이 해 볼수록 풀이 능력이 향상되는 것은 당연하다. 그러나 서술형 시험은 문제를 많이 푼다고 해서 그만큼 점수가 올라가지는 않는다.

서술형 시험은 문제 유형이 매우 다양하다. 비슷한 문제인 것 같아도 자료 하나만 바꾸면 전혀 다른 문제가 된다. 답은 비슷해도 자료를 해석하는 과정을 거쳐야 하므로, 자료 하나가 문제를 전혀 다르게 만들어 버린다. 숫자도 마찬가지다. 기존에 풀었던 문제와 조금만 숫자가 바뀌어도 서술형 시험은 전혀 다른 시험이 된다. 주어지는 조건도 다양하고, 조건이 조금만 바뀌어도 완전히 다른 문제가 된다. 따라서 골라잡기 문제와 달리 서술형 시험은 문제 유형이 제한되어 있다는 느낌이 들지 않는다.

물론 아무리 다양하게 문제를 낸다고 해도 서술형 시험의 유형에는 제한이 있다. 그러나 유형이 비슷해도 자료가 달라지고, 숫자가 바뀌고, 제시된 그림이 달라지면 학생들은 전혀 다른 문제라고 느낀다. 바로 이것이 서술형 시험이 어렵게 느껴지는 이유다. 학원에서 아무리 다양한 서술형 문제를 많이 풀어도 결국 학교 시험에서 접하는 서술형 시험은 또다시 낯선 문제가 되기 십상인 것이다.

1등이 흔들린다

앞서 말한 이유 때문에 최상위권과 상위권을 차지하고 있던 아이들이 흔들리고 있다. 실제로 다양한 학생들을 대상으로 서술형 시험을 치러보니 민주처럼 평소 학교에서 맞던 점수와는 너무나 다른 경우가 많았다.

기존의 최상위권, 기존의 1등은 기존 스타일의 문제에 잘 적응한 아이들이다. 이 아이들은 기본적으로 암기력과 골라잡기 능력이 뛰어나다. 하지만 골라잡기와 암기식 문제에 최적화된 학생들이 서술형 시험에서도 좋은 점수를 얻을 것이라 확신할 수는 없다. 물론 공부를 열심히 하고, 머리도 좋기 때문에 서술형 시험에서도 높은 점수를 얻을 가능성은 높지만, 그것은 가능성일 뿐 현실과는 다르다.

그 이유는 서술형 시험과 골라잡기, 단답식의 시험 원리가 완전히 다르고, 서술형이 필요로 하는 능력과 골라잡기, 단답식 시험이 필요로 하는 능력이 다르기 때문이다. 단적인 예를 들어 보자. 기존 최상위권 학생이라도 글쓰기를 어려워하는 학생은 매우 많다. 솔직히 대한민국 학생 중에서 글쓰기에 자신감을 갖고 있는 학생은 극소수다. 그런데 서술형은 글쓰기다. 글을 잘 쓰지 못하면 아무리 공부를 잘해도 좋은 점수를 얻지 못한다. 결국 최상위권이라도, 전교 1등이라도 글쓰기 능력이 부족하면 언제든지 등수가 추락할 수 있다는 말이다.

서술형 시험의 확대는 1등을 뒤흔든다. 어떻게 공부해도 따라가지 못할 것 같던 최상위권 학생들이 서술형 시험을 계기로 흔들리고 있는 것이다.

1등할 가능성이 열린다

1등이 흔들린다는 것은 1등이 아니었던 학생이 1등이 될 가능성이 있다는 것을 의미한다. 평소에는 아무리 따라잡고 싶어도 따라잡을 수 없었던 최상위권 학생들이 서술형 시험에서 흔들린다면 그 틈을 비집고 올라갈 가능성이 매우 높아진다.

평상시에는 아무리 노력해도 올라가지 못하던 성적이 서술형 시험을 계기로 대폭적으로 올라갈 가능성도 생긴다. 단적인 예가 글 잘 쓰는 아이들이다. 글을 잘 쓰는 아이들은 '생각'이 곧 '글'이다. 아는 것을 그대로 글로 옮기는 능력이 뛰어나다. 그런 아이들은 별도로 서술형 공부를 하지 않더라도 기존 공부만으로 높은 점수를 얻을 수 있다.

무엇보다 서술형은 단순 암기가 아니다. 그런데 대부분 글 잘 쓰는 학생들은 단순한 암기 능력보다는 자료를 분석하고, 자기 의견을 제시하는 능력이 뛰어나다. 서술형은 바로 이런 학생들의 능력을 더 높게 평가한다. 따라서 글 잘 쓰는 학생들은 서술형 시험에 매우 유리하다. 암기하는 능력이 부족해서 점수가 나오지 않던 학생들조차도 유리하다. 암기력은 떨어지지만 이해력이 뛰어난 학생이라면 서술형 시험을 훨씬 잘 볼 수 있다.

이런저런 이유로 서술형은 기존 성적을 바꿀 수 있는 절호의 기회다. 물론 누구에게나 주어지는 기회라고는 할 수 없다. 효과적으로 준비한 학생에게는 기회겠지만, 그렇지 않은 학생은 더욱 점수가 떨어지는 심각한 위기가 될 수도 있다. 서술형 시험이 실시되는 중·고등학교 현장에서, 점수와 등수가 요동치는 현상은 이미 벌어지고 있다.

나는 서술형 시험에
강한 아이로 키우고 있는가?

Chapter 07

대부분의 아이들은 문제집의 문제를 대충 푼다. 골라잡기 문제에서는 답만 고르면 되기 때문이다. 다음 문제를 살펴보자.

Q. 다음은 우리나라 인쇄 역사에 대한 설명이다. 틀린 것을 고르시오.

① 세계에서 가장 오래된 목판 인쇄물은 무구정광대다라니경이다.

② 금속활자로 인쇄된 가장 오래된 책은 직지심체요절이다.

③ 직지는 청주 흥덕사 옛터에서 발견되었다.

④ 우리의 전통 종이인 한지는 몇 백 년이 지나도 보존 상태가 좋다.

⑤ 금속활자 기술이 발명된 뒤 책을 인쇄하는 산업이 크게 번창하였다.

대다수 아이들은 답만 고르고 만다. 앞서 지적했지만 ①~④번 문항이 맞으므로 ⑤번 문항이 답이라고 쉽게 고르고 넘어간다. 그러나 답이 맞았다고 해서 모든 것을 알고 있다고 판단할 수는 없다. 서술형 시험의 2번 문제에서 보듯이 ⑤번 문항에서 다룬 사실은 굉장히 어렵기 때문에 고난이도 서술형 문제로 바뀔 수 있다. 그런데 아이들은 이 골라잡기 문제를 풀 때 이러한 점을 생각하지 않는다. 그냥 답만 맞으면 모르는 것이 있어도 상관하지 않고 넘어간다. [이에 대한 자세한 설명은 《중학생이 꼭 알아야 할 시험문제풀이기술》(이룸나무, 박기복 저)을 참고하기 바란다.] 골라잡기식 문제 풀이에 익숙한 아이들은 '정답'만 고르면 모든 공부가 끝났다고 생각한다. 그러나 이런 식으로 공부하면 서술형 시험 문제의 답을 제대로 쓰지 못한다.

서술형 시험이 위기인 아이들

만약 자녀가 다음 네 가지 중 하나에 해당한다면 서술형 시험에서 곤란을 겪을 가능성이 높다. 이런 습관에서 벗어나지 못하는 한 서술형은 '기회'가 아니라 '위기'다.

첫째, 쓰기를 무척 싫어한다. 쓰기를 좋아하는 학생이 과연 얼마나 있을까 싶겠지만, 그래도 싫어하는 정도가 심할 경우에는 서술형 시험은 보나마나 망친다. 서술형 시험은 '쓰기'다. 쓰는 것을 즐기지는 않더라도 최소한 쓰기를 두려워하지 않아야만 서술형 문제에 제대로 답할 수 있다. 쓰기를 정말 싫어하는 아이는 쓰기 능력도 부족하기 마련이다.

쓰기 능력이 부족하면 알고도 답변을 하지 못한다.

둘째, 책 읽기를 싫어한다. 서술형 시험을 확대하는 가장 큰 이유 중 하나가 '독서'를 자리 잡게 하겠다는 것이다. 서술형 시험을 잘 보려면 많은 책을 읽고, 다양한 배경지식을 갖추어야만 한다. 독서의 양이 이해의 수준이며, 독서가 문장력과 이해력을 좌우하기 때문이다. 책을 멀리하는 학생은 서술형 시험에서도 멀어진다.

셋째, 이해는 뒷전이고 무조건 외우기만 한다. 서술형 시험은 암기로 해결되지 않는다. 자료를 해석하고, 이미지에서 의미를 읽어내고, 논리적으로 분석하는 힘을 갖추어야만 한다. 제대로 된 이해가 필요하다는 말이다. 그런데 많은 학생들이 공부를 하라고 하면 이해를 하려고 하기보다는 그냥 외워서 시험을 본다. 이해하려는 노력은 하지 않고, 암기로 해결하려는 학생은 서술형 시험에서 곤란을 겪게 될 것이다.

넷째, 골라잡기 문제에서 답은 고르는데, 설명은 하지 못한다. 골라잡기는 대충 감으로 할 수 있다. 그러나 서술형은 대충 감으로 쓰지 못한다. 대충 감으로 답 고르기를 하는 능력만 있는 아이는 서술형 시험처럼 구체적으로 글을 써야 하는 경우에 답변을 제대로 하지 못한다.

서술형 시험 능력을 저하시키는 부모의 태도

아이의 공부 태도만 문제시되는 것은 아니다. 부모가 초등학교 때 자녀를 어떻게 대하는지도 서술형 시험 능력에 큰 영향을 끼친다. 다음 질문에 답해 보기 바란다.

Q-01	답이 맞으면 동그라미를 쳐 주고, 틀리면 문제를 삼는가?	☐ 예 ☐ 아니요
Q-02	시험 때가 되면 책을 못 읽게 하는가?	☐ 예 ☐ 아니요
Q-03	대화보다는 공부하라는 잔소리를 많이 하는가?	☐ 예 ☐ 아니요
Q-04	아이가 쓴 글이 형편없어 보여서 잔소리를 한 적이 있는가?	☐ 예 ☐ 아니요
Q-05	시험공부를 할 때는 최대한 많은 문제를 풀게 하는가?	☐ 예 ☐ 아니요
Q-06	공부의 대부분을 학원에 의존하고 있는가?	☐ 예 ☐ 아니요
Q-07	지금 당장의 점수에 일희일비하는가?	☐ 예 ☐ 아니요
Q-08	다른 것은 못하게 하고 공부만 하게 하는가?	☐ 예 ☐ 아니요
Q-09	숙제를 많이 하면 공부를 많이 했다고 생각하는가?	☐ 예 ☐ 아니요
Q-10	노는 것은 공부에 방해가 된다고 생각하는가?	☐ 예 ☐ 아니요

위 질문에 '예'라고 답한 것이 많다면 서술형 시험은 내 아이에게 위기로 다가올 것이다. 위와 같은 태도가 서술형 시험 능력을 저해하는 이유는 다음과 같다.

Check List

Q-01	기존 문제집을 풀 때 골라잡기 문제의 답이 맞았는지 여부만 확인하고 넘어가면 골라잡기식 공부를 더욱 강화시키게 된다. 그것이 왜 답인지, 풀이를 어떻게 했는지 등 이유를 확인하는 연습을 계속 해야 한다.
Q-02	책을 멀리 하면 서술형 시험 능력도 멀어진다. 책은 시험 기간에도 놓지 않아야 한다. 책 읽기는 습관이다. 시험 때 책을 멀리하면, 나중에는 시험이 아닌 때도 책을 보지 않는다.
Q-03	대화는 자녀가 스스로 생각할 능력을 키우고, 어휘력을 길러 주며, 자기 생각을 표현하는 능력을 길러 준다. 잔소리는 이와 반대되는 효과를 발휘한다.
Q-04	글쓰기 싫어지면 서술형 시험도 잘 보지 못한다. 아이가 쓴 글에 대해 자꾸 잔소리를 하면 아이는 글쓰기를 점점 싫어하게 된다.
Q-05	객관식 시험에서는 문제를 많이 푸는 것이 시험 점수를 올리는 데 도움이 되지만, 서술형에서는 많은 문제보다는 깊이 있게 문제를 풀어야 한다. 문제 많이 푼다고 서술형 시험을 잘 보는 것은 아니다.
Q-06	자기 머리로 사고하는 힘이 있어야만 서술형 시험을 잘 볼 수 있다. 학원에 지나치게 의존하면 스스로 생각할 줄 모르게 되고, 그러면 서술형 시험 능력은 형편 없어진다.
Q-07	서술형 시험 능력은 꾸준한 독서, 글쓰기, 생각하기 등을 통해 길러진다. 눈앞의 성적에 일희일비하면 진짜 실력이 길러질 때까지 가만히 기다리지 못하고 자꾸 문제 풀이와 단순 암기로 아이를 내몰게 된다.
Q-08	서술형 시험은 다양한 배경지식을 갖추고, 체험이 풍부한 아이가 잘 본다. 공부만 하는 아이는 다양한 배경지식과 체험이 없기 때문에 서술형 시험에 어려움을 겪는다.
Q-09	숙제를 하는 시간은 자기 공부 시간이 아니다. 어떻게든 숙제를 끝내야 한다는 생각으로 보내는 타율적인 시간이다. 자기 의지로 공부하는 시간이 적으면 서술형 점수도 낮다.
Q-10	공부 안하고 놀면 성적이 떨어진다고 걱정한다. 그러나 너무 놀지 않으면 놀이를 통해 배울 수 있는 창의력, 즐거움, 협동심, 사회성 등을 익히지 못한다. 무엇보다 놀이는 공부에 집중할 능력을 키워 준다.

서술형 시험 능력을 키우는 부모의 태도

다음 질문에 답해 보자.

Check List

Q-11	쓰기 습관이 형성되도록 돕고 있는가?	☐ 예 ☐ 아니요
Q-12	혼자 공부하는 시간을 충분히 주고 있는가?	☐ 예 ☐ 아니요
Q-13	생각하는 힘을 길러 주고 있는가?	☐ 예 ☐ 아니요
Q-14	귀담아 듣는 능력을 길러 주고 있는가?	☐ 예 ☐ 아니요
Q-15	문제집을 풀 때 과정과 이유를 생각하게 하는가?	☐ 예 ☐ 아니요
Q-16	지적 호기심을 길러 주는가?	☐ 예 ☐ 아니요
Q-17	다정하게 대화를 많이 나누는가?	☐ 예 ☐ 아니요
Q-18	아빠가 아이에게 세상 이야기를 많이 해 주는가?	☐ 예 ☐ 아니요
Q-19	혼자 힘으로 어려운 문제를 끝까지 풀도록 격려하는가?	☐ 예 ☐ 아니요
Q-20	함께 책을 읽는 시간을 많이 보내는가?	☐ 예 ☐ 아니요

이 질문에 '예'라고 답한 것이 많다면 서술형 시험은 자녀에게 기회로 다가올 것이다. 그 이유는 다음과 같다.

Check List

Q-11	쓰기는 습관이다. 날마다 쓰면서 글과 친해져야 서술형 능력이 길러진다. 쓰기와 친하지 않으면 서술형 시험 점수도 멀어진다.
Q-12	서술형 시험은 스스로 이해할 때만 잘 본다. 이해는 누군가 가르쳐 주어서 얻을 수 있는 것이 아니다. 오직 자기 머리로 생각하고, 자기 식대로 받아들이는 과정을 거쳐야만 제대로 이해할 수 있다. 따라서 자기 혼자 생각하는 시간이 없는 학생은 서술형 시험을 잘 보기 어렵다.
Q-13	생각하는 힘이 없으면 서술형은 그야말로 힘든 시험이다. 단순한 암기 능력만으로 서술형 시험을 잘 볼 생각은 하지 말아야 한다.
Q-14	학교 수업을 잘 들어야 서술형 시험을 잘 본다. 서술형은 많은 문제를 출제하는 것이 아니기 때문에 선생님이 강조한 몇 가지 사항을 중심으로 나온다. 집중력은 강요한다고 해서 길러지는 것이 아니라, 평소에 남의 말에 귀를 기울이는 태도에서 출발한다.
Q-15	Q-01 질문과 같은 이유다. 답만 고르지 말고 답이 나온 과정과 답을 선택한 이유를 계속 확인하면서 문제를 풀어야 한다. 이유와 근거를 생각하다 보면 자연스럽게 서술형 시험 능력이 길러진다.
Q-16	호기심은 주변에 대한 탐색으로 이어지고, 지식과 현실을 연결하는 힘을 길러 준다. 서술형은 현실의 상황을 교과서에서 배운 내용과 연결하는 경우가 많다. 끝없는 탐구심으로 주변을 관찰하는 학생이 서술형 시험을 잘 본다.
Q-17	Q-03과 연결되는 질문이다. 대화는 학습 능력의 기본이다.
Q-18	아빠가 아이에게 세상 이야기를 많이 해 주면 아이는 어휘력이 길러지고, 세상을 보는 힘이 커지며, 배경지식도 풍부해진다. 무엇보다 삶에 대한 목표의식이 분명해진다. 모두 서술형 시험에 도움이 되는 효과다.

Q-19	서술형 시험은 생각하는 힘이 커야 한다. 혼자 힘으로 어려운 문제를 끝까지 풀려고 노력하다 보면 생각하는 힘이 저절로 길러진다.
Q-20	독서가 없다면 서술형 시험 고득점도 없다. 아이와 함께 책을 읽는 시간이 많으면 많을수록 아이는 책과 친해지고, 학습 능력이 발전한다.

골라잡기식 공부에서 생각하는 공부로

　부모들은 골라잡기 문제를 풀던 세대다. 지금 학교에 다니는 아이들도 얼마 전까지 거의 대부분 골라잡기 문제만 열심히 풀었다. 그러다 보니 부모도, 아이도 은연중에 골라잡기 문제를 푸는 데 적합한 공부습관과 학습 지도 방법이 몸에 배어 있다. 이 습관을 바꿔야 한다. 서술형은 서술형에 맞는 공부 방법이 있고, 서술형에 맞는 공부 지도법이 있다.

　서술형 시험에 강한 아이로 키우려는 부모라면 골라잡기식, 암기식이 아니라 서술형에 맞는 공부 지도법을 실천하여 아이가 어릴 때부터 그 습관에 몸에 배도록 해야 한다. 중학생 이후에는 웬만큼 노력하지 않으면 습관이 잘 바뀌지 않는다. 현재 중·고등학생들은 갑작스럽게 확대, 시행되는 서술형 시험에 몹시 당황하고 있다. 이러한 상황에서 내 자녀가 초등학생인 것은 정말 행운이다. 중·고등학교 올라가서 서술형 시험 때문에 고생하지 않기 위해서는 지금부터 차근차근 서술형 시험에 맞는 공부 방법을 익히도록 지도해야 한다. 초등학생은 두뇌도 말랑말랑하고, 공부습관도 고착되지 않았기 때문에 작은 노력만으로 언제든지 변화를 만들어 낼 수 있다.

 Part 02

'서술형 시험'이라고 하면 아이들은 겁부터 먹는다. 갑작스러운 서술형 시험

확대 발표에 필자를 찾아온 아이들은 이구동성으로 '서술형 시험공부는

어떻게 해야 해요?'라고 묻는다. 이렇게 묻는 이유는 하나다.

서술형이 낯설기 때문이다. 사실 서술형은 어느 정도 익숙해지기만 하면

그리 어려운 문제 유형이 아니다. 정답이 완전히 열려 있는 논술이나, 면접관이

어떤 질문을 할지 모르는 면접시험보다는 훨씬 쉽다. 서술형 시험을 잘 보려면

서술형 시험과 친해져야 한다. 역사를 좋아해야 역사를 잘하고, 과학을 좋아해야

과학을 잘하듯 서술형 시험도 서술형과 친해져야 잘 볼 수 있다.

여기서 서술형 시험과 친해진다는 것은 서술형 문제를 많이 풀어 보아야 한다는

의미가 아니라 서술형 시험이 측정하고자 하는 본질적인 능력과 친해져야

한다는 것을 의미한다. 서술형과 친해지면 서술형에 강한 아이가 된다.

서술형 시험에
강한 아이로
키우는
10가지 전략

교과서를
벗으로 사귀게 하라

전략
01

　상수는 늘 사회 교과서를 끼고 산다. 쉬는 시간에도 심심하면 사회 교과서를 보고, 집에서도 다른 공부를 하다가 지치면 사회 교과서를 본다. 상수는 사회 시험공부를 별도로 하지 않는다. 하지만 늘 100점이다.

　영주는 과학 교과서를 읽는 것이 너무 재미있다. 과학 교과서에 실려 있는 실험을 여러 번 반복해서 보고 머리로 상상한다. 때로는 다른 실험 방법은 없을까 궁리해 보기도 한다. 이런 영주가 과학 시험을 잘 보는 것은 당연하다.

　주영이는 국어 실력이 형편없어서 늘 걱정이었다. 어느 날 전교 1등을 하는 친구가 국어 교과서를 100번만 읽으면 성적이 오를 것이라고 귀띔해 주었다. 농담반 진담반으로 한 이야기였는데, 주영이는 진짜로 국어 교과서를 100번 읽었다. 처음에는 잘 이해가 되지 않던 책이 어느 순간 표현 하나하나까지 전부 머릿속에 들어오고, 글의 구조까지 저절로 파악할 수 있게 되었다. 그 뒤로 주영이는 더 이상 국어 시험 걱정을 하지 않게 되었다.

시험은 결국 교과서에서 나온다. 이 평범한 진리를 거의 대부분의 아이들과 부모들이 소홀히 여긴다. 선생님도 교과서를 보고 가르치고, 참고서도 교과서를 보고 만든다. 교과서는 학교 교육의 출발이요, 끝이다. 그런데 대다수 학생들은 교과서를 학교에 두고 다닌다. 무겁다는 이유로 들고 다니지 않는다. 솔직히 어린 학생들이 들고 다니기에 교과서 무게가 만만치 않은 것은 사실이다. 들고 다니지 않으므로 교과서는 수업 시간에 수업 받을 때나 쓰고, 시험 때 한두 번 펼쳐 보는 것으로 끝이다. 시험은 교과서에서 나오는데 교과서는 보지 않고 열심히 참고서 보고, 문제집만 푼다.

왜 교과서와 친해져야 하는가?

골라잡기식, 단답식 시험공부를 할 때도 교과서는 중요했다. 그러나 서술형 시험에서는 교과서가 더욱 중요하다. 서술형 시험에서 교과서가 중요한 이유를 간략하게 정리하면 다음과 같다.

첫째, 서술형 시험은 이해력이 바탕이 되어야만 답할 수 있기 때문이다. 교과서와 친해져서 교과서의 내용을 완전히 숙지하게 되면 자연스럽게 내용을 이해하게 된다. 교과서와 친해져서 교과서가 머릿속에 완전히 들어가 있는 학생은 교과서 전체를 이해하고 있기 때문에 서술형 시험이 어렵지 않다.

둘째, 서술형 시험은 그 특성상 교과서의 핵심 부분에서 출제되기 때문이다. 서술형 시험은 출제되는 문제의 수가 얼마 되지 않는다. 문항 수가 너무 많으면 학생들이 제 시간에 시험을 치르기도 어렵고, 선생님들이 채점하는 데도 시간이 너무 많이 걸리기 때문이다. 그래서 소수의 문제만 출제할 수밖에 없고, 소수의 문제로 평가를 하려다 보니 교과서의 중심 내용에서 시험 문제가 출제된다. 교과서의 핵심 내용은 '단원목표'이며 단원목표를 숙지하고, 단원목표에 맞는 내용을 철저하게 익히면 서술형 시험은 자연스럽게 대비가 된다. [자세한 내용은 ≪전교 1등을 만드는 서술형시험공부법≫(상상채널, 박기복)을 참고하기 바란다.]

셋째, 서술형 시험에 제시되는 자료와 이미지는 대부분 교과서에서 나오기 때문이다. 서술형 시험은 자료를 주고, 자료를 근거로 해서 답하는 문제가 대부분이다. 그냥 암기한 내용을 묻지 않고 자료를 근거로 판단하고, 분석해서 자신이 알고 있는 지식과 연결시킬 줄 아는지를 확인한다. 교과서에 실린 글과 자료, 이미지는 그대로 서술형 시험 문제에 실린다. 그러므로 교과서와 친해져야 하는 것은 당연하다.

교과서와 친해지게 하려면

　교과서를 많이 읽으라고 해서 아이들이 교과서를 많이 읽지는 않는다. 억지로 시켜서 읽으면 읽는 효과도 별로 없다. 교과서와 친해지도록 하라는 것은 교과서를 친근하게 여기고, 학습의 기본 교재로 적극 활용하라는 의미이며, 늘 가까이 두고 심심할 때마다 들추어 보고, 교과서 구석구석을 살피는 재미를 느껴보라는 의미이기도 하다. 아이들은 좋아하는 책이나 만화책을 여러 번 본다. 단순히 여러 번 보는 데서 그치지 않고 구석구석 숨겨진 내용을 발견하고 즐거워한다. 이미 알고 있는 것도 다시 보면서 웃음을 짓는다. 친하기 때문이다.

　교과서를 여러 번 읽기 전에 우선 교과서와 친해져야 한다. 친해지려면 첫인상이 좋아야 한다. 교과서를 처음 손에 쥐면 부모님이 먼저 교과서를 훑어 보는 것이 좋다. 내 아이가 어떤 공부를 할 것인지 교과서를 보면서 파악을 한다. 그 다음으로 중요한 일은 교과서에서 재미를 발견하는 것이다. 그림이나 글, 자료 등을 보면서 즐거움을 찾아내야 한다. 부모가 먼저 재미를 발견했으면 이제 아이와 함께 교과서를 보면서 함께 재미를 찾는다. 이때 부모가 먼저 찾은 재미를 즐겁게 이야기해 준다. 물론 아이도 즐겁고 재미있는 것을 발견하게 한다. 뭐든지 친근하게 여기고, 즐겁게 여겨야 잘하는 법이다. 교과서를 딱딱하고, 재미없고, 시험 때문에 스트레스 받는 대상으로 여기지 말고, 재미와 즐거움이 있는 책의 하나로 받아들여야만 첫인상이 좋아진다.

　첫인상을 좋게 만든 후에는 교과서를 여러 번 읽게 해야 한다. 그런데 아이들이 교과서가 무겁다는 이유로 들고 다니기를 꺼려한다. 실제로 평일에 교과서를 들고 다니는 것은 매우 번거롭다. 공부 스트레스에 책가방 무게까지 더해지면 참 피곤하다. 상황을 고려하여 모든 교과서가 아니라 국어, 영어, 사회, 과학 정도만 들고 다니기를 권한다. 집에 들고 와서 일정 시간 동안은 늘 교과서를 반복해서 읽게 한다. 읽고 또 읽는 것만으로 공부는 저절로 된다. 우리 선조들은 '책을 백번 읽으면 뜻이 저절로 통한다'고 하였다. 백번까지는 아니더라도 수십 번 읽기만 해도 공부는 저절로 된다.

만약 평일에 교과서를 읽지 못했다면 주말에 꼭 읽어 보기를 권한다. 주말에는 최소한 일주일 동안 배운 부분과 다음 주에 배울 부분을 읽어야 한다. 무엇을 배웠는지 기억하고, 무엇을 배울 것인지를 알고 배움에 임해야 더 깊은 공부를 할 수 있는 법이다. 그러므로 주말이나 휴일에는 반드시 교과서를 읽는 시간을 마련해서 교과서를 정독하는 것이 좋다. 이때 아이의 옆에서 교과서를 함께 보면서 교과서의 재미와 즐거움을 찾아 주면 즐겁게 교과서를 읽을 수 있다.

교과서가 왜 중요한지를 아이에게 설명하여 자꾸 교과서를 들추어 보도록 하는 것도 중요하다. 학교에서 교과서를 틈날 때마다 보는 습관을 가지게 되면 시험기간에 별도로 공부를 하지 않아도 된다.

이미지를
풍성하게 하라

전략
02

　책을 좋아하는 아이들은 책을 읽으면서 머릿속에 영화의 장면과 같은 영상을 떠올린다. 사자가 '어흥!'하는 장면을 읽으면 실제로 사자가 '어흥!'하는 장면을 머릿속에 떠올리며, 그 상황에 마치 자기가 존재하고 있는 것처럼 느낀다. 슬픈 글을 읽게 되면 슬픈 장면이 떠오르고, 기쁜 글을 읽게 되면 기쁜 장면이 떠오른다. 책을 싫어하고 책을 잘 이해하지 못하는 아이들은 글을 읽으면서 이미지를 떠올리지 못한다. 그냥 글만 쫓아간다. 머릿속에 영상이 떠오르지 않기 때문에 글이 지루하게 느껴지고, 재미가 없다. 문자만 쫓아가다 보니 금방 싫증이 나서 책 읽기를 멈춰 버린다.

　공부도 마찬가지다. 공부 잘하는 아이들은 글을 읽으면 그것이 곧바로 이미지로 떠오른다. 이미지를 잘 떠올리는 아이들은 글을 이미지로 바꾸는 능력만 뛰어난 것이 아니라 이미지를 보고 핵심을 파악하여 지식과 글로 전환하는 능력도 뛰어나다.

　요즘 아이들이 이미지에 강한 것 같지만 실제로는 이미지에 굉장히 취약하다. 수많은 영상과 만화의 홍수 속에 살다보니 자기 머리로 이미지를 떠올리지 못하고, 주어진 이미지만 수동적으로 받아들인다. 기껏 생각하는 것도 어디선가 본 만화나 캐릭터뿐이다. 그러므로 글을 보고 이미지로 전환하는 능력이 매우 취약하다. 자기 힘으로 문자를 이미지로 전환하지 못하는 아이는 학습 능력도 떨어진다.

왜 이미지와 친해져야 하는가?

　서술형을 다른 말로 표현하면 '이미지와 자료를 해석하여 글로 쓰는 시험'이라고 할 수 있다. 특히 사회, 과학은 대부분 이미지가 자료로 주어진다. 사회와 과학 정도는 아니지만 영어도 상당 부분 이미지를 자료로 많이 활용한다.

　단순히 글만 열심히 읽고, 암기만 했다고 해서 서술형 시험을 잘 보기 어려운 이유가 여기에 있다. 이미지에 담긴 의미를 이해하여 자신이 알고 있는 지식과 연결하지 못하면 서술형 시험을 잘 볼 수 없다. 앞에서 암기를 아무리 잘해도 서술형 시험을 제대로 볼 수 없다고 한 것은 바로 이 때문이다.

　요즘 교과서에는 이미지가 가득하다. 부모들이 공부하던 교과서는 온통 글만 가득했는데 지금 교과서는 재미있는 그림, 사진, 자료, 캐리커처, 만화, 그래프와 도표 등이 곳곳에 실려 있다. 이 모든 이미지는 전부 서술형 시험 자료이다. 따라서 단순히 지식을 암기하는 것에서 멈추지 말고 교과서 곳곳에 숨어 있는 이미지를 친근하게 여기고, 자꾸 들여다보아야 한다. 교과서에서 설명한 내용과 이미지가 어떤 관계인지도 지속적으로 살펴야 한다.

이미지와 친해지게 하려면

원래 아이들은 이미지를 좋아한다. 따라서 이미지와 친해지게 하는 것은 그리 어렵지 않다. 재미있는 이야기 책을 읽으면 누가 뭐라고 하지 않아도 이미지가 자연스럽게 떠오른다. 따라서 책을 읽을 때는 이야기와 줄거리뿐만 아니라 자꾸 이미지를 떠올리도록 도와주어야 한다. 그런데 아이에게 이미지를 떠올리라고 한다고 해서 아이가 스스로 알아서 이미지를 잘 떠올리지는 못한다.

그림책은 이미지 떠올리기 훈련을 하는 데 매우 유용하다. 그림책을 읽을 때는 이야기만 읽지 말고 그림을 자꾸 관찰하고 들여다 보아야 한다. 그림책의 그림을 자세히 살피면 곳곳에 재미있는 것들이 많이 있다. 숨겨진 것들 뿐만 아니라 글이 어떻게 이미지로 전환되는지, 이미지가 어떤 식으로 글로 전환되는지가 자연스럽게 습득된다. 그림책을 읽어 줄 때는 단지 글에만 주목하지 말고, 이미지를 관찰하고 느낌을 자꾸 말해 주어야 좋다는 것은 바로 이 때문이다.

"와, 이 주인공 표정 좀 봐. 정말 단단히 토라졌나 봐."
"이것 봐. 어쩜 여기에 이렇게 재미있는 그림을 숨겨 놓을 수가 있지?"

이렇게 자꾸 그림과 글을 연결시키는 연습을 하면 글을 읽으면서 자연스럽게 이미지를 떠올리게 되고, 이미지를 보면 글을 떠올리게 된다.

어떤 이들은 초등학교 저학년만 되어도 그림책을 멀리하게 하는데 그림책은 늙어서도 감동과 재미를 주는 책이다. 그림책에는 나이 제한이 없다. 필자는 독서 수업 중에 가끔 중·고등학생들에게도 그림책을 읽게 하는데 모두들 정말 좋아한다. 재미있는 그림책은 남녀노소를 불문하고 다 좋아한다.

그림책과 더불어 이미지를 떠올리게 하는 가장 좋은 방법은 이야기를 들려 주는 것이다. 아이들 자신이 직접 글을 읽으면 활자를 쫓아 가느라 이미지를 떠올리기 어렵다. 그러나 부모가 읽어 주는 이야기를 들으면 자연스럽게 머릿속에서 이미지를 떠올린다. 특히 재미있는 이야기를 들으면 상상의 나래가 활짝 펼쳐지면서 무한한 이미지가 만들어진다. 이렇게 이야기를 듣고 이미지를 떠올리는 연습이 된 아이는 자기 스스로 읽을 때도 이미지를 떠올린다.

혼자 책을 읽으면서 이미지를 떠올리게 할 때 가장 조심해야 할 점은 책을 너무 빠르게 읽지 않도록 하는 것이다. 아이들은 보통 재미있는 책을 보면 너무 빠르게 줄거리만 쫓아가는 경향이 있다. 이미지를 떠올리면서 읽으려면 책 읽는 속도가 너무 빠르면 안 된다. 책은 빠르지 않게 적당한 속도로 읽고, 적당한 시기마다 책 읽기를 멈춘 후 생각하고, 이미지를 느껴 보는 여유를 가져야 한다.

당연한 이야기지만 이미지와 친해지려면 교과서의 이미지를 자꾸 눈여겨보아야 한다. 교과서를 볼 때마다 이미지와 교과서 설명을 연결하여 생각해 보고, 이미지에 담긴 의미가 무엇인지 확인해야 한다. 그리고 이미지 자체를 기억해야 한다. 이미지는 암기하려고 노력한다고 해서 암기가 되는 것이 아니다. 자꾸 들여다보고, 친근하게 접하면 자연스럽게 기억된다.

이미지를 단기간에 기억하고 싶다면 기억해야 할 이미지를 실제로 그려 보는 것이 좋다. 대다수 아이들이 공부를 할 때 이미지를 눈으로만 보고 마는데, 이미지를 필기구로 직접 그려 보면 이미지를 빠르게 기억할 수 있을 뿐만 아니라, 이미지에 담긴 의미를 정확히 이해하는 데도 도움이 된다. 아이가 공부할 때 노트에 자꾸 이미지를 그려서 기억하고, 의미를 해석해 보도록 지도하는 것이 좋다.

상상력에
날개를 달게 하라

전략 03

독서 수업에서는 '뒷이야기 상상해서 말해 보기'를 많이 한다. 뒷이야기를 상상하다 보면 책에 실린 이야기를 이해하는 데 도움도 되고, 무엇보다 상상력을 키우는 데 효과가 좋다. 그런데 수업을 할 때마다 느끼는 것이지만 정말 요즘 아이들은 상상력이 부족하다. 너무 뻔한 이야기만 한다. 마치 머릿속에 들어가 누군가가 상상력에 족쇄를 채운 느낌이 들 정도다. 대부분의 아이들이 조금만 시간이 지나면 싸우고, 전쟁하고, 죽고, 남을 괴롭히는 이야기를 한다. 오히려 상상력이 별로 발달하지 않은 필자가 아이들보다 훨씬 상상력이 넘치고 자유롭게 사고한다.

아이들이 뒷이야기를 하는 것을 들어 보면 너무 뻔한 이야기를 하기도 하지만, 더불어 앞쪽 이야기와는 아무런 상관이 없이 자기 마음대로 이야기를 전개시키는 경우도 많다. 예를 들면 책에서 두 주인공이 굉장히 친하고 서로 신뢰하는 관계인데, 아무런 이유도 없이 서로 믿지 못하고 싸우고 심지어 죽이기까지 한다. 이유는 없다. 서로 믿고 신뢰하는 사이였으면 무언가 사건이 있은 뒤에 관계가 변해야 할 텐데 앞의 이야기와는 반대로 상황이 전개되는 것이다. 이는 상상력이 부족하기 때문이다. 아이들은 상상이 되는대로, 마음대로 생각하는 것이라고 여긴다. 상상력은 주어진 이야기와 상황을 근거로 하되 남과 다르게, 남이 생각하지 못하는 방향으로 이야기를 전개시키고, 새로운 것을 만들어 내는 능력이다. 상상력은 '무'에서 '유'를 창조하는 능력이 아니라, '유'에서 새로운 '유'를 창조하는 능력이다. 이런 면에서 볼 때 요즘 대다수 아이들은 상상력이 정말 빈곤하다.

왜 상상력과 친해져야 하는가?

창의적인 인재가 우리의 미래를 결정한다. 21세기는 정보화 시대이고, 정보화 시대는 새로움을 추구하는 시대다. 끊임없이 새로운 것을 만들어 내야만 국가도, 기업도, 개인도 성공하는 시대다. 창의성이 없는 인재, 남과 다르게 생각할 줄 모르는 인재는 인재가 아니다.

서술형 시험을 확대하려는 이유는 우리나라 학생들이 지나치게 지적인 학습에만 몰두하여 창조적인 능력이 부족하기 때문이다. 각급 교육청에서 서술형 시험과 관련하여 제공한 자료를 보면 모든 첫머리에 '창의적인 인재를 기르기 위해 서술형 시험을 확대 실시해야 한다.'는 말이 등장한다. 지금까지 골라잡기, 단답식 문제가 창의적인 인재 육성을 가로막았다고 생각하기 때문이다. 시험 형식은 공부 형식을 결정한다. 골라잡기 시험이 출제되면 아이들은 골라잡기식 공부를 하고, 단답식 문제를 내면 단답식 문제를 풀 수 있는 공부를 한다. 교육청이 시험 방식을 서술형으로 바꾸려 하는 것은 바로 이 때문이다. 서술형 시험을 내면 학생들은 서술형에 맞는 공부를 할 수밖에 없다. 서술형에 맞는 공부는 논리적이며, 창의적인 공부이다. 서술형 문제를 풀기 위해서는 창의적인 사고를 할 수밖에 없다. 그냥 아는 것을 그대로 옮겨 적기만 해서는 서술형 평가에서 좋은 점수를 받을 수 없다. 무엇보다 서술형 평가에서는 암기한 것을 그대로 적기만 하는 문제보다는 자료를 보고, 스스로 생각해서, 자기만의 답을 쓰는 것을 요구하는 문제가 많다. 특히 초등학교 서술형 시험에서는 이러한 경향이 강하다.

Point 문제

Q1. 그림을 보고 주인공의 마음이 어떨지 쓰시오.

Q2. 이 글의 '나'에게 어떤 말을 해 주는 것이 적당한지 쓰시오.

Q3. 그림을 통해 알 수 있는 이 사회의 특징이 무엇인지 쓰시오.

Q4. 제시된 자료를 비교하여 차이점과 공통점을 쓰시오.

Q5. 여러 가지 씨앗의 이름을 적고, 씨앗을 종류와 특징에 맞게 분류하시오.

Q6. 위 그림과 같은 과학 현상이 벌어지는 예를 생활 속에서 찾아 쓰시오.

위에 제시된 서술형 예시 문제에서도 확인할 수 있듯이 서술형 시험 문제는 기본적으로 창의적인 사고를 요구하는 문제가 많이 출제되며, 창의성이 없는 아이, 그저 암기한 대로 쓰기만 하는 아이는 제대로 된 답변을 하지 못하는 문제들이 많다.

상상력과 친해지게 하려면

상상력을 기르는 방법을 다룬 책들은 시중에 많이 나와 있다. 상상력을 기르는 방법은 관련 전문서적을 활용하기 바란다. 여기서는 가장 핵심적인 방법 세 가지만 소개하겠다.

첫째, 상상력의 원천은 자연이다. 인간이 만든 문명, 인간이 만든 물건은 이미 누군가가 상상력을 발휘하여 만들어 낸 것이다. 따라서 새롭게 상상할 만한 것이 그리 많지 않다. 반면에 자연은 무한 공간이다. 수많은 생명이 자유분방하게 자라난다. 인간이 만든 다양함은 자연이 만들어 내는 다양함을 도저히 따라가지 못한다. 다양한 것을 접해야만 다양한 생각을 할 수 있다. 자연을 접하면서 지낸 아이들은 도시 환경에 둘러싸여 지낸 아이들보다 훨씬 다양한 생각을 한다. 자연은 상상력의 보고다. 따라서 상상력을 키우고 싶다면 자연과 친해지도록 해야 한다.

둘째, 아이들은 놀이를 통해 상상력을 배운다. 아이들은 정해진 규칙대로만 놀지 않는다. 조금이라도 더 재미있게 놀기 위해서 새로운 놀이, 새로운 규칙을 끊임없이 만들어 낸다. 항상 하는 놀이보다는 새로운 놀이를 즐긴다. 같은 놀이를 하더라도 더 재미있게 즐기기 위해 무언가 변화를 준다. 그래서 놀이는 생각을 기르고, 상상력을 길러 준다. 특히 아이들의 놀이는 상상 속에서 이루어지는 경우가 많다. 나무가 요술 지팡이가 되고, 돌이 로봇이 되며, 나무가 집이 되기도 한다. 상상력을 발휘하는 놀이 속에서 상상력은 자연스럽게 자라난다. 어릴 때는 충분히 상상하며 놀게 해야 한다. 크면 공부하느라 놀지 못하므로, 놀 수 있을 때 최대한 다양한 놀이를 즐길 수 있도록 해야 한다. 무엇보다 친구들과 제대로 놀 줄 알면 사회관계도 좋아지고, 나중에 컴퓨터 게임에 빠지는 정도도 훨씬 덜하다.

셋째, 오감이 뛰어난 사람이 창의력이 좋다. 인간은 지나치게 시각에 의존한다. 상상하라고 하면 시각만을 사용해서 상상하는 경우가 대부분이다. 사실 기억도 대부분 시각 정보로 구성된다. 그런데 시각만을 사용하여 상상하면 상상력이 풍부해지지 못한다. 하나의 감각을 사용하여 생각하는 사람과 다섯 감각을 사용하여 생각하는 사람 중에서 누가 상상력이 풍부할까? 그것은 물어보나 마나이다.

오감을 사용하는 것에 익숙해지도록 하려면 일상에서 오감을 많이 건드려야 한다. 식탁은 오감 교육을 할 수 있는 최고의 장소다. 식탁은 오감이 넘쳐나는 곳이다.

"음, 구수한 냄새를 보니 정말 달콤하겠는 걸."
"오징어의 쫄깃한 맛과 양파의 매콤한 맛이 조화를 이루었어."
"따뜻한 밥에, 상큼한 향기, 오늘은 정말 배가 행복하겠다."
"뽀글뽀글 끓는 소리에 구수한 향기가 배어 나와서 식욕을 자극하네."

이렇게 식탁에서 다섯 감각에 관한 대화를 많이 나누면 좋다. 솔직히 어른들은 시각과 청각 정보를 제외하고는 제대로 사용하지 않아서 퇴화하였다. 특히, 감각을 언어로 표현하는 것은 쉽지 않은 일이다. 식탁은 퇴화한 감각을 깨우기에 더없이 좋은 장소이다. 그러므로 기회가 닿을 때마다 식탁에서 자꾸 감각적인 언어를 사용하기 바란다. 오감을 사용한 언어를 자꾸 사용하는 것을 접한 아이들은 자연스럽게 오감을 자극하는 언어를 익힌다.

촉감, 후각, 청각, 미각을 자극하는 다양한 체험활동을 경험하게 하는 것도 좋다. 책을 보는 것보다는 직접 방문해서 만져 보고, 느껴 보고, 들어 보는 것이 교육적 효과가 높은 이유는 오감을 더 강력하게 자극하기 때문이다. 따라서 자연은 최고의 학습장이다. 자연에 있으면 의도하지 않아도 오감이 자극을 받고, 열린다.

책을 읽을 때도 그냥 이미지만 떠올리지 말고 영상과 소리, 향기와 촉감, 미각까지 한꺼번에 사용해서 상상을 하는 연습을 해 보면 좋다. 책을 함께 읽을 때 부모가 먼저 그런 감각을 떠올리면서 자꾸 아이에게 들려 주고, 아이도 그런 말을 해 보게 하면 자연스럽게 감각 사용 능력이 향상된다.

글 속의 감정을
느끼게 하라

전략
04

    학교 공부의 출발은 독해다. 독해를 해야 이해를 하고, 암기를 한다. 독해력은 모든 공부의 기본이다. 그런데 요즘 아이들은 독해력이 떨어진다. 책이 조금만 어려워도 혼자 책 내용을 이해하거나, 분석해 내지 못한다. 주인공이 왜 그런 말을 했는지, 주인공이 어떤 기분에서 갈등을 하는지도 잘 파악하지 못한다. 그저 줄거리만 간신히 파악하면서 책을 읽는다.

    성준이도 독해력이 많이 떨어지는 편이었다. 책이 조금만 어려우면 책 내용을 이해하지 못했다. 특히 주인공이 어떤 마음인지 생각해 내는 것을 어려워했다. 아주 오랜 기간 독해 훈련을 했다. 어느 날 《우리형》을 읽었다. '입천장 갈림증(구순구개열)'을 안고 태어난 형은 마음도 착하고, 공부도 잘한다. 어머니 생일에 자신이 흉측한 모습으로 태어난 것이 미안

해서 어머니 생일도, 자기 생일도 챙기지 않는 형이다. ≪우리형≫을 읽고 성준에게 동생으로서 형을 생각하는 마음이 어떤지를 물었다. 성준이는 처음에는 어떻게 말해야 할지 몰랐다. 그러다 가만히 생각해 보더니 이렇게 말했다.

"형의 모습이 참으로 놀라워요. 나라면 이렇게 못할 텐데. 정말 화나고 자존심이 상할 텐데. 그래서 동생이 이 세상 사람이 아니라고, 천사라고 했군요."

성준이는 그 순간 ≪우리형≫을 완전히 이해했다. 동생의 마음을 이해하자 이야기가 온전히 다가온 것이다.

왜 감정과 친해져야 하는가?

독해를 한다는 것은 책 속에 나온 인물의 감정을 이해하는 것을 의미한다. 형의 감정을 이해하고, 동생의 감정을 이해하고, 어머니의 감정을 이해하면 소설 ≪우리형≫을 온전히 이해할 수 있다. 역으로 독해력이 떨어진다는 것은 감정을 읽는 능력이 떨어진다는 뜻이다. 독해의 기본은 '감정 읽기'이다. 상대편의 감정을 읽어내지 못하는 아이가 어떻게 책 속에 나온 인물의 감정을 이해할 수 있겠는가? 인물의 감정을 이해하지 못하면, 갈등을 이해할 수 없고, 사건을 이해할 수 없다. 결국 글에서 감정을 읽어낼 줄 모르면 글을 전혀 이해하지 못하게 되는 것이다.

국어의 논술문이나 사회, 역사를 이해할 때도 마찬가지다. 글을 쓴 사람의 주장은 그 사람의 생각이다. 감정을 읽을 줄 모르면 다른 사람의 생각도 읽어내지 못한다. 사회나 역사는 객관적인 사건만 있는 것이 아니라 사람이 등장한다. 그 사람들의 처지를 이해하지 못하면 사회나 역사도 이해하지 못한다.

영어 공부도 마찬가지다. 영어 공부가 일정 수준 이상 도달하면 단순히 해석을 잘한다고 해서 영어를 잘하는 것이 아니다. 문장은 다 해석해 놓고도 무슨 말인지 모르는 경우가 허다하다. 이는 우리말도 마찬가지다. 한 문장 한 문장은 아는데 문장이 모여서 이루어진 글은 무슨 뜻인지 이해하지 못한다. 영어에서는 대화도 많이 등장한다. 대화를 이해하려면 대화를 나누는 사람들의 마음과 상황을 이해해야 한다.

결국 국어든, 사회든, 영어든 글을 이해하는 능력은 감정 읽기에서 시작한다. 감정을 읽을 줄 모르는 아이는 독해력이 떨어지고, 독해력이 떨어지면 공부, 특히 서술형 시험에 취약하다. 독해력이 떨어지는 아이가 서술형 시험을 잘 보는 것은 정말 어렵다.

감정과 친해지게 하려면

"기뻐.", "뿌듯해.", "시원해.", "서운해.", "사랑해.", "억울해.", "원망스러워.", "두려워.", "무서워.", "외로워.", "우울해.", "황홀해."……

감정을 나타내는 언어는 정말 많다. 그런데 아이들은 "좋아", "짜증나” 밖에 모른다. 이 밖의 감정은 표현할 줄 모른다. 있는 줄도 모른다. 특히 조금만 기분이 안 좋으면 그냥 짜증난다고 말한다. 아니면 이것도, 저것도 아닌 표현인 ‘그냥’이라는 말만 사용한다.

감정은 배운다고 해서 생겨나는 것이 아니다. 사랑하는 감정을 겪어 보지 않으면 사랑을 모른다. 두려운 감정을 느껴 보지 않고는 두려움이 무엇인지 모른다. 서럽고, 외롭고, 우울하고, 서운하고, 시원한 감정도 겪어 보아야만 잘 알 수 있다. 결국 감정을 모르는 것은 겪어 보지 않았기 때문이다. 겪어 보지 않았다는 것은 정말 그런 감정을 한 번도 느껴 보지 못했다는 의미가 아니다. 사랑, 우울, 서운함, 외로움, 두려움, 괴로움, 무서움, 억울함을 한 번도 겪어 보지 않은 사람이 어디 있겠는가? 다만 그것을 표현하지 못하는 것일 뿐이다. 결국 감정이란, 느끼는 것이 아니라 표현하는 것이다. 표현하는 연습이 되어 있지 않기 때문에 감정을 모르는 것이다.

따라서 감정과 친해지게 하려면 일상에서 감정을 자꾸 표현하도록 해야 한다. 요즘 부모들은 감정을 표현하는 데 익숙하지 않다. 대부분 판단을 하거나 명령을 내리기만 한다. 아이가 느끼는 서운함, 두려움, 외로움, 괴로움, 기쁨, 행복을 함께 느끼거나 나누려고 하지 않는다. 부모와 감정을 나누지 못하면 자기감정을 드러내는 데에 서툴러진다. 그 결과 독해력이 떨어진다. 아이가 감정과 친해지게 하려면 부모부터 아이가 자기감정을 잘 표현하도록 도와주어야 한다. 자녀가 감정을 잘 표현하도록 하는 법은 이와 관련된 전문적인 책이 많으므로 필요한 책을 구입하여 실천해 보기 바란다.

일상에서 감정을 표현하는 것 말고 다른 측면에서도 감정 표현을 연습할 필요가 있다. 몇 가지 방법을 소개하면 다음과 같다.

첫째, 책을 읽고 주인공의 감정을 함께 이야기한다. 보통 줄거리나 지식을 나누는 것으로 독후 활동을 멈추는데, 독후활동의 핵심은 감정이다. 책을 함께 읽고 주인공이 어떤 기분일지, 그리고 자신은 어떤 기분인지에 대해 대화를 나누는 것이 좋다. 이때 아이가 감정을 잘 표현하지 못할 수도 있으므로 부모가 자기감정을 먼저 드러내어 아이가 자기감정을 부담 없이 표현할 수 있는 분위기를 만들어야 한다.

둘째, 연극 활동을 한다. 연극은 다른 사람의 처지가 되어 보는 것이므로 자기가 아닌 남의 감정을 익히는 데 매우 좋다. 연극이라고 해서 특별한 무언가가 필요한 것은 아니다. 그저 책 속의 주인공이 되어 가볍게 이야기를 나누든가, 소꿉놀이를 하거나, 역할극을 하는 것만으로 충분하다.

셋째, 다양한 사람을 겪어 보아야 한다. 체험은 감정의 원천이다. 내가 아닌 다른 사람을 많이 사귀고, 경험하고, 만나 보아야 감정을 알 수 있다. 다양한 사람의 처지를 이해하고, 그들의 감정이 무엇인지 생각해 보아야 한다. 요새 아이들은 너무 뻔한 생활만 해서 다양한 감정을 모른다. 아이들을 공부에만 전념하게 하면 다양한 감정을 경험할 기회가 없어지고, 이것이 독해력 부족으로 이어져 공부의 발전을 가로막는다. 따라서 자녀가 공부를 잘하기를 바란다면 어릴 때일수록 다양한 경험을 통해 다른 사람의 감정을 느껴 보도록 해야 한다.

숫자에 담긴 마력을
느끼게 하라

전략
05

세상에 널린 것이 숫자다. 그런데 아이들은 숫자를 수학책에서만 찾는다. 우리나라 사교육비 중 1위가 수학이라고 하는데, 그렇게 열심히 숫자를 다루지만 정작 아이들은 숫자와 친하지 않다. 일상에서 숫자의 의미, 숫자를 발견하는 재미를 전혀 누리지 않는다. 오직 수학 문제를 풀 때만 숫자를 떠올린다. 이 밖의 장소에서 숫자를 사용하는 것은 기껏해야 돈 계산할 때나, 게임 레벨, 좋아하는 연예인과 관련된 숫자들 뿐이다.

숫자를 싫어하는 아이들이 수학을 재미없어 하는 것은 당연하다. 숫자를 다루는 재미를 모르는데 어떻게 수학을 잘할 수 있겠는가? 수학을 못하는 아이들, 그리고 수학을 잘하기는 하지만 재미없어 하는 아이들은 대부분 "수학을 배워서 어디다 써요?"라고 말한다. 일상에서는 전혀 쓸모가 없고, 그저 시험을 보기 위한 공부로만 여기는 것이다.

왜 숫자와 친해져야 하는가?

숫자와 친해져야 하는 이유는 수학을 잘하기 위해서다. 숫자의 마력, 숫자의 재미에 빠지면 수학이 재미있다. 일상생활에서 숫자를 발견하면 얼마나 신나고 재미있는지 모른다. 숫자와 친한 아이, 숫자를 친근하게 여기는 아이는 수학도 친근하게 여기고, 당연히 수학을 잘한다.

숫자와 친해야 하는 이유는 단지 수학 때문만은 아니다. 서술형 시험에는 유난히 자료 해석 문제가 많고, 자료 중에는 숫자가 있는 경우가 많다. 숫자를 친근하게 여기지 않는 아이는 문제에 숫자가 포함되어 있는 경우, 겁부터 먹는다. 서술형 시험에 나오는 숫자는 항상 어떤 의미를 담고 있다. 다음의 예를 살펴보자.

힘의 크기	1	2	3	4	5
현미가 느낀 충격	1	4	9	16	25

힘의 크기는 1, 2, 3, 4, 5로 증가하는데, 이 힘을 받은 현미가 느끼는 충격은 1, 4, 9, 16, 25로 증가한다. 이 자료에 나타난 숫자는 '숫자'라는 언어를 통해 무언가 말을 하고 있다. 숫자와 친근한 아이는 이 숫자들의 관계, 숫자의 규칙성, 숫자의 의미를 그대로 글로 전환할 줄 안다.

반면에 힘과 충격의 관계를 알고 있는 학생이라도 이 숫자의 의미가 무엇인지 해석하지 못하면 제대로 답을 하지 못한다. 숫자에 담긴 의미를 제대로 이해하고, 문장으로 전환할 줄 알아야 서술형 시험을 잘 볼 수 있다.

숫자와 친해지게 하려면

수학책 속에서 숫자를 꺼내 와야 한다. 세상은 온통 숫자로 채워져 있다. 그 숫자를 자꾸 발견하고, 이야기하고, 생각해야 한다. 특별히 수학적인 의미가 있는 숫자뿐만 아니라 그냥 곳곳에 있는 숫자들을 눈여겨보고, 대화를 나누고, 생각해 보면 된다.

아파트 동호 수, 자동차 번호, 번지수, 휴대전화 번호, 반과 번호, 등수, 키, 몸무게, 신체 사이즈, 시간, 거리, 연월, 일시, 생일, 기념일, 물건 가격 …….

이것이 모두 숫자다. 우리 삶은 숫자와 밀접한 관계가 있다. 숫자를 접할 때마다 자연스럽게 숫자 이야기를 하기만 해도 숫자가 아이에게 친근하게 다가간다.

조금 더 학습적인 면을 위해서라면 신문에 나온 도표와 그래프를 활용한 대화를 나누어 보는 것이 좋다. 신문 기사에는 도표나 그래프가 실려 있고, 이를 근거로 이런 저런 설명이 있다. 신문을 보면서 도표와 그래프의 의미가 무엇인지 대화를 나누다 보면 자연스럽게 숫자를 해석할 줄 아는 능력이 길러진다.

숫자를 다룬 재미있는 수학책을 읽어도 좋다. 여기서 말하는 수학책이란 문제집이나 교과서를 말하는 것이 아니다. 요즘 시중에는 수학과 관련된 재미있는 책들이 많다. 이런 책들을 병행하여 읽게 하면 수학을 지겨운 공부가 아니라 재미있는 이야기로 받아들일 것이다.

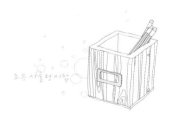

필기구를
사랑하게 하라

전략
06

대부분의 아이들이 글쓰기를 싫어한다. 어릴 때부터 글쓰기 교육을 하여 왔음에도 글쓰기를 좋아하지 않으니 참으로 답답한 노릇이다. 정말 극소수의 아이들만이 글쓰기를 좋아한다. 서술형 시험은 글쓰기를 통해 지식을 검증하는 것이므로, 글쓰기를 좋아하는 아이들이 서술형에 강하다.

글쓰기를 싫어하고, 글쓰기를 잘하지 못한다고 해서 서술형 시험에 무조건 약한 것은 아니다. "글쓰기를 잘한다."라고 말할 때의 글쓰기란 한 편의 글을 완성하는 것을 말한다.

반면에 서술형은 짧게는 한 문장, 길게는 대여섯 문장 정도만 쓰면 된다. 따라서 일반적인 글쓰기 능력에 비하면 글쓰기 실력이 매우 뛰어날 필요는 없다. 글쓰기 실력이 뛰어날 필요는 없다고 하더라도 글쓰기 자체를 싫어하면 서술형 시험은 잘 보기 어렵다. 글쓰기 자체가 두렵고 싫은데, 글쓰기 형식으로 보는 시험을 잘 볼 수는 없기 때문이다.

왜 필기구와 친해야 하는가?

서술형 시험을 잘 보려면 글과 친해야 하고, 익숙해야 한다. 배운 것을 늘 쓰고, 아는 것은 늘 글로 표현할 줄 알아야 한다. 그러려면 항상 필기구를 소지하고 있어야 한다. 글은 국어 시간에만 쓰는 것이 아니다. 수업 중에도 항상 글쓰기가 필요하다. 선생님이 설명할 때, 문제를 풀 때, 공부한 내용을 스스로 정리할 때 항상 글을 써야 한다. 일상에서 정리하는 습관, 메모하는 습관을 들여야만 글과 친해진다. 메모하고 정리하는 것이 능숙해지면 글쓰기 실력은 부족해도 서술형 시험은 충분히 잘 볼 수 있다. 글쓰기를 싫어하는 아이들은 대부분 메모도 싫어하는 경향이 있다. 배움에 적극성이 부족한 아이들은 선생님이 설명하는 내용도 잘 받아 적지 않고, 공부한 내용을 스스로 정리하지도 않는다. 아이들이 메모와 친해지게 하는 가장 좋은 방법은 무엇일까? '필기구'와 친해지기가 답이다. 좋은 필기구, 애정을 담은 필기구를 많이 갖고 있는 아이는 자연스럽게 필기구를 사용하고 싶어 한다. 필기구를 사랑하는 아이는 메모도 사랑한다.

필기구와 친하게 하려면

필기구와 친하게 하는 것은 쉽다. 필기구를 파는 곳에 자꾸 데려가고, 좋아하는 필기구를 여건이 허락하는 한도 내에서 마음껏 고르게 하면 된다. 이때 부모가 싫어하는 내색을 하면 안 된다. 부모도 필기구를 좋아하고, 즐기기 바란다. 필기구를 사고, 필기구를 관찰하다 보면 마음이 푹 빼앗길 정도로 매력적인 필기구를 많이 발견하게 될 것이다. 예쁘고 좋은 필기구를 구입했으면 자꾸 사용하도록 해야 한다. 필기구를 사용하도록 하는 방법 두 가지만 소개하겠다.

첫째, 메모를 하면서 책을 읽게 한다. 대부분의 아이들이 책을 읽을 때 그냥 읽는다. 밑줄을 긋거나, 자기 느낌을 적지 않는다. 그냥 급하게 읽고 만다. 여러 번 같은 책을 읽는 경우에도 메모를 하지 않는다. 책을 읽으며 메모를 하는 것은 나만의 책으로 만드는 과정이다. 그러므로 책을 읽을 때는 부모부터 메모를 하는 모습을 보여 주기 바란다. 아이에게도 책을 읽을 때 자꾸 메모를 하고, 밑줄을 그으라고 가르쳐야 한다.

둘째, 교과서에 필기구를 사용하게 한다. 수업에서 들은 내용을 별도로 정리하지 말고 교과서에 메모하고 이를 바탕으로 공부하도록 한다. 여백이 부족하면 포스트잇을 사용하면 된다. 수업 시간에 수업을 들으면서 다양한 필기구를 사용하는 재미를 들이면 의외로 수업에 집중도 잘하고, 다른 행동을 할 확률도 줄어든다. 아이가 교과서에 적극적으로 메모를 할 수 있도록 평상시에 학습 습관을 들일 때 자주 이야기를 해야 한다.

지식을
자랑하게 하라

전략
07

　현우는 누나를 이해할 수 없다. 자신은 알아듣지도 못하는 어려운 이야기를 계속 하기 때문이다. 고등학생인 누나가 미토콘드리아가 어떠니, 불확정성의 원리가 어떠니, 미적분이 어떠니 하는 말을 하는데 도대체 알아들을 수가 없다. 싫다고 하는데도 누나는 자신이 아는 지식을 늘어놓는 것을 멈추지 않는다. 식탁에서, 차에서, 놀러 갈 때도, 자기 전에도, 거실에서도 틈만 나면 자신이 아는 지식을 늘어놓는다. 참다못한 현우는 어느 날 누나에게 따져 물었다.

　"도대체 왜 내가 알지도 못하는 말을 계속해? 한두 번도 아니고 계속
　듣고 있으면 짜증나."

누나는 씽긋 웃더니 이렇게 말했다.

"미안해. 그런데 그렇게 말을 하다 보면 내가 정리가 돼서 그래. 그냥 공부만 할 때는 잘 이해가 안 되던 것이 너한테 설명하려고 하다 보면 체계적으로 정리되는 느낌이거든."

그 말을 듣고 현우는 무릎을 탁 쳤다. 누나가 왜 공부를 잘하는지 알 것 같았기 때문이다. 누나는 지역에서 유명한 고등학교의 최상위권이기 때문이다. 그 뒤로 현우도 누나를 따라서 자기가 아는 것을 자꾸 말했다. 현우는 누나를 따라하면서 누나가 왜 그렇게 자꾸 자신이 아는 것을 말했는지 이해하였다.

왜 지식을 자랑해야 하는가?

현우 누나가 한 말에 정답이 있다. 말을 하면 정리가 된다. 모르는 내용도 명쾌하게 드러나고, 말하기 전까지 이해하지 못했던 내용을 이해하게 된다. 사건이 복잡하게 얽혀 있는 역사 공부를 한 뒤에 자기 나름대로 그 사건들을 설명해 보고, 앞뒤 순서에 따라 배치를 하다 보면 자기 식으로 정리가 된다. 잘 이해되지 않는 과학 실험도 마찬가지다. 실험의 원리, 목적, 방법, 결과, 의미를 자기 나름대로 말을 하다 보면 전체 내용이 체계적으로 파악된다.

말하기의 장점은 부족한 점을 드러내는 것에 있다. 자신은 알고 있다고 생각하는 지식도 막상 말하려고 하면 제대로 말이 나오지 않는 경우가 많다. 머릿속으로는 분명 알고 있다고 생각했는데, 말을 해 보면 부족한 것이 드러난다. 말을 해 보면 대충 이해했는지, 정확히 알고 있는지가 명확하게 드러난다.

　서술형이란 아는 것을 글로 표현하는 시험이다. 아는 것을 고르는 것도 아니고, 단답식으로 단순하게 한두 단어 쓰는 것도 아니다. 문장으로 표현해야 한다. 당연히 표현하는 데 익숙한 학생이 서술형 시험도 잘 본다. 따라서 지식을 자꾸 자랑하게 해야 한다. 자신이 아는 것을 자랑하면서 말을 많이 하는 학생이 공부도 잘하고, 서술형 시험에도 강하다.

지식을 자랑하게 하려면

　사람은 누구나 자신이 아는 것을 자랑하고 싶어 한다. 아이들은 더욱 그렇다. 새로운 것을 배우거나, 익히면 꼭 엄마나 아빠에게 이야기를 한다. 유아기 모습을 떠올려 보면 쉽게 이해할 수 있을 것이다. 지식을 자랑하는 것에 익숙해지려면 아이가 어떤 지식을 말했을 때 적절하게 반응해 주어야 한다.

　"아, 그렇구나! 전에는 몰랐는데 오늘 좋은 것을 배웠네."

　이렇게 말하면서 관심을 보이면, 아이는 틈나는 대로 자신이 아는 것을 이야기하려고 한다. 당연히 그 과정에서 지식을 정리하고 공부하는 것이 재미있다는 생각도 든다.

자연스럽게 이야기를 주고받는 방법이 가장 바람직하지만, 의도적인 노력도 필요하다. 지식을 자랑하게 하는 몇 가지 방법을 소개한다.

첫째, 텔레비전을 보면서 지적인 내용이 나오면 가볍게 대화를 나눈다. 뉴스나 다큐멘터리, 시사정보 프로그램뿐만 아니라 드라마나 예능 프로를 볼 때도 지식이 종종 등장한다. 그럴 때 가볍게 관련된 지식을 이야기를 하면서 아이가 자신이 아는 지식을 꺼내도록 한다.

둘째, 밥상머리에서 지식을 주제로 하여 대화를 한다. 부모가 아는 지식을 가볍게 말하고, 아이도 자신의 지식을 편하게 말하도록 하는 분위기를 만든다. 밥을 먹을 때는 평상시보다 기분이 더 좋아지는 경향이 있으므로 딱딱한 지식도 즐거운 대화 주제로 삼을 수 있다.

셋째, 최근 아이가 읽고 있는 책 내용에 대해 물어본다. 이때는 잘 읽었는지, 못 읽었는지 따지듯이 묻지 말고 말 그대로 '궁금해 하면서' 물어야 한다. 그러면 아이는 자연스럽게 책 내용을 이야기할 것이다.

넷째, 아이를 가르치려 하지 말고 아이에게서 배워라. 아이들이라고 얕보아서는 안 된다. 아이들이 알고 있는 지식도 많다. 무엇보다 아이들은 자신이 엄마나 아빠보다 똑똑한 분야, 잘 아는 분야가 생기면 자랑스러워한다. 이 경우에는 아이를 깎아내리지 말고 겸손하게 학생이 되어 배우는 자세를 취해야 한다. 부모보다 아는 것이 많아서 자랑스러운 느낌이 들면, 아이는 그런 기분을 또 느끼기 위해 공부도 열심히 하고, 적극적으로 말하려고 한다. 밖으로 꺼내놓지 않은 지식은 아무런 쓸모가 없는 법이다. 마음속에 있는 지식은 아무도 모른다. 표현할 수 있어야 진짜 지식이다.

낭독하는
재미를 키워라

전략
08

낭독이 유행이다. 소리를 내어 읽는 것은 어린 시절에만 하는 것인 줄 알았는데, 요즘은 어른들이 모여서 낭독 모임을 열기도 하고, 낭독 콘서트가 열리기도 한다. 한때는 텔레비전의 낭독 프로그램이 선풍적인 인기를 끌기도 했다.

낭독은 가슴을 따스하게 하고 책을 새롭게 바라보게 한다. 정말 감동받은 부분을 그냥 속으로 읽을 때와 소리 내어 읽을 때를 견주어 보면 그 차이가 확연히 드러난다. 특히 문학 작품의 경우 낭독을 하면 문학의 깊이와 맛을 더욱 잘 느낄 수 있다.

낭독에 관련된 책은 시중에 많이 나와 있으므로 참고하기 바란다. 굳이 낭독과 관련된 책을 반드시 읽을 필요도 없다. 자신이 좋아하는 책을 소리 내어 읽어 보기만 해도 낭독이 얼마나 좋은지를 새삼 깨닫게 될 것이다.

왜 낭독과 친해져야 하는가?

낭독은 책을 이해하는 좋은 방법이다. 그냥 눈으로만 읽으면 책에 담긴 감정과 느낌이 잘 살아나지 않는다. 그러나 소리를 내어 읽으면 소리 속에 감정이 실린다. 속으로 읽으면 긴박한 대사와 평범한 대사가 똑같지만 소리를 내면 전혀 다르다. 긴박한 대사는 빨리 읽게 되고, 억양도 높아진다. 앞에서도 이야기했지만 이야기의 분위기와 감정을 읽어 내는 것이 독해의 기본이다. 따라서 낭독은 책의 맛을 더 우러나게 하고, 감정을 더욱 잘 느끼도록 해 준다.

낭독은 독해력과 문장력을 길러 주는 좋은 방법이다. 좋은 문장을 익혀야 좋은 글을 쓸 수 있다. 좋은 문장을 익히는 첫 번째 방법이 바로 낭독이다. 낭독을 하면 문장이 내 입에서 나오는 동시에 나의 문장이 된다. 이런 경험이 반복되면 글쓰기를 할 때 자연스럽게 입에서 나온 문장과 비슷한 문장이 손끝에서 나온다.

낭독은 책과 공부에 정신을 집중시키는 데도 도움을 준다. 소리를 내어 읽으면 다른 생각을 하지 않는다. 속으로 읽으면 이런저런 잡생각이 들기도 하지만, 소리를 내어 읽으면 대뇌는 오직 소리를 내는 것에 모든 신경을 집중시킨다. 자신의 자녀가 집중력이 부족하다면 교과서나 참고서를 소리내어 읽게 해 보자. 소리가 집중력을 키운다.

낭독과 친해지게 하려면

아이에게 낭독을 하라고 해서 아이가 낭독과 친해지지는 않는다. 부모가 낭독을 즐기면 아이도 자연스럽게 낭독을 즐긴다. 부모가 읽는 책에서 정말 멋진 표현, 아이에게 정말 들려 주고 싶은 표현이 있으면 책을 들고 직접 읽어 준다. 물론 이때는 너무 교훈적이거나 아이가 싫어할 만한 내용은 별로 좋지 않다. 아이도 즐겁고, 재미있고, 유익함을 느낄 수 있는 것이 좋다. 가장 좋은 방법은 아이 수준에 맞는 책 중에서 아이가 흥미진진하게 여길 만한 부분을 낭독해 주는 것이다. 아이의 성장에 따라 수준을 조금 높이는 것도 좋은 방법이다. 자연스럽게 고급 어휘와 지식과 사상을 습득하는 기회가 되기 때문이다.

부모가 읽은 후에는 아이도 읽게 해야 한다. 이때 무조건 읽게 하는 것보다 하나의 책을 번갈아 가면서 읽으면 읽는 재미도 있고, 지루하지도 않다. 엄마와 아이가 나란히 앉아서 재미있는 책을 한 페이지씩 서로 읽어 주면 부모 자식 간에 정도 쌓이고, 낭독을 통해 독해력과 문장력도 길러지는 일석삼조의 효과가 있다.

궁금증을 키우고,
또 키우게 하라

전략
09

    필자의 집은 시골이다. 좋은 자연환경 속에서 아이가 자라게 하고 싶다는 생각에 도심과 조금 떨어진 시골에 자리를 잡았다. 잘 꾸며진 전원주택이 아니라 그저 평범한 시골 농가이지만 집 주변의 풍경이 정말 멋진 곳이다. 그런데 아이는 그렇지 않았다. 그런 좋은 환경 속에 있으면서도 주변 자연환경에 별로 관심을 기울이지 않았다. 그저 게임, 영상, 친구, 공부가 전부였다. 자연 속에서 자연스럽게 어울리게 하려고 많은 노력을 해 보았지만 모두 허사였다. 아무래도 안 되겠다 싶어 환경에 변화를 주었다. 공부 부담에서 완전히 벗어나게 하였고, 실컷 놀 수 있게 했다. 그러자 형, 누나들과 어울리는 기회도 많아졌고, 자연스럽게 들로, 산으로 뛰어다녔다. 그러던 어느 날 하늘을 보며 아이가 말했다.

"아빠, 저 하늘 좀 봐. 정말 파랗지?"

아이는 한참 동안 하늘을 보며 신기해했다. 하늘에 관심을 기울이기
시작한 것이다.

왜 궁금증과 친해져야 하는가?

요즘 아이들은 너무 공부에 치여 산다. 이 때문인지는 몰라도 좀처럼
주위에 관심을 기울이지 않는다. 학교 교정에 예쁜 꽃이 피어도 예쁘다
는 감정을 느끼지 못한다. 따스한 봄 햇살이 온 세상을 감싸고 있는 데
도 머릿속에는 온통 학원에 가야할 생각만 가득차 있다. 주위에 관심
이 없으므로, 당연히 호기심도 없다. 주위에 관심을 기울여야 호기심도
생기고, 호기심이 생겨야 스스로 탐색할 텐데 관심이 없으니 호기심도
생기지 않는다.

관심이 없으면 알지 못하고, 깊이 들어가지도 못한다. 수학에 관심이
있는 아이는 수학을 잘하고, 과학에 관심이 많은 아이는 과학을 잘하
고, 역사에 관심이 많은 아이는 역사를 잘한다. 관심이 곧 실력이다.

관심이 있으면 호기심이 생겨난다. 왜 그럴까? 도대체 이것이 뭐지? 하
면서 자연스럽게 의문이 생긴다. 의문이 생기면 당연히 공부를 한다. 관
심을 만들어 내는 것이야말로 공부의 출발이요, 끝이다.

호기심이 많은 아이들이 서술형에도 강하다. 서술형은 현실과 지식
을 연결시키는 문제가 많다. 단순히 교과서에 있는 지식을 물어보지 않

고, 현실의 상황을 교과서의 지식을 통해 분석하고 적용하는 문제가 서술형 시험에 많이 출제된다. 현실에 대한 궁금증, 현실에 대한 탐구심을 많이 가진 학생들일수록 서술형 시험을 잘 볼 수밖에 없다. 교과서에 갇힌 지식만으로 서술형 시험을 잘 보는 것은 불가능하다.

궁금증과 친하게 하려면

궁금증은 인간의 본성이다. 인간에게 궁금증이 없었다면 인류 문명은 이처럼 발전하지 못했을 것이다. 호기심이야 말로 인류 문명 발달의 원천이다.

궁금증이 생기면 사람은 당연히 질문을 한다. 어른보다 아이들이 호기심이 많다. 호기심이 많은 아이들이 질문을 많이 하는 것은 당연하다. 그런데 요즘 아이들은 도대체 질문을 하지 않는다. 호기심이 없다. 그저 게임, 연예인, 전자제품, 성적, 옷과 외모 정도만이 궁금증의 대상이다. 그것도 진짜 궁금해서 묻는 것이 아니라 피상적으로만 묻는다.

한창 호기심이 많아야 할 나이의 아이들이 왜 사물에 대해 궁금해 하지 않는 것일까? 그 이유는 크게 두 가지로 나누어 볼 수 있다. 첫째는 질문을 받아 주지 않았기 때문이다. 부모와 선생님이 질문을 적극적으로 받아 주고, 질문을 하는 것을 당연하게 여기면 아이는 자연스럽게 질문을 계속 던진다. 질문을 무시하는 부모와 선생님의 태도가 아이들의 호기심을 없애고 있다.

둘째, 너무 많이 주입받기 때문이다. 아이들은 궁금한 것이 생길 겨를도 없이 많은 지식을 머릿속에 담아야 한다. 호기심이 생기거나, 탐구심이 생길 여지가 없이 지식을 소화해야만 한다. 아이들의 궁금증은 엄청난 지식의 양에 짓눌려 없어져 버린 지 오래이다.

질문을 하도록 하려면 질문이 없는 이유를 찾아 이를 개선하면 된다. 첫째, 아이들의 질문을 들어 주어야 한다. 즉, 질문을 적극 격려해야 한다. 무엇을 배웠느냐보다 무엇을 질문했는지를 더 중요하게 여기는 유대인 부모의 교육철학을 배워야 한다.

둘째, 지나치게 많은 공부로부터 자유롭게 해 주어야 한다. 여유가 있어야 주변을 둘러보고, 궁금증도 생기고, 질문도 한다. 배우는 데만 급급하면 질문하기 힘들다. 아이들에게 여유 시간을 되도록 많이 주고 주변을 탐색하도록 해야 한다.

서술형 시험과 관련한 질문을 할 때는 다음을 고려해야 한다. 먼저 아이가 질문을 하면 그냥 답해 주지 말고, 되도록이면 아이 스스로 생각할 기회를 갖도록 하는 것이 좋다. 자기 머리로 생각하는 과정을 거쳐야만 더 깊이 이해할 수 있기 때문이다. 다음으로 현실과 책을 연결하게 해야 한다. 책에서 배운 내용 중에 현실에서 찾을 수 있는 것이 없는지, 현실에서 벌어지는 현상 중에서 책과 연결되는 것은 없는지 궁금하게 하는 것이다. 즉, 지식을 지식으로 머물게 하지 말아야 한다.

생각주머니를
키워라

전략 10

"도대체 왜 약속을 안 지키는 거야?" 계속 숙제를 안 해 오는 학생에게 필자가 물었다. 필자는 정말 심각한 사연이 있다고 짐작했다. 하루, 이틀이 아니기 때문이다. 그런데 답변은 황당했다.

"그냥요."

그 말을 듣자 필자는 허탈했다. 사연이 있는 것이 분명한데, 그냥이라고만 대답하니 답답하고 안타까웠다. 살살 달래 보았지만 학생 입에서는 다른 대답이 나오지 않았다. 마지막까지 '그냥'이었다.

학생들과 이야기를 나누다 보면 '그냥'이라는 말을 정말 많이 듣는다. 이유도 없고, 생각도 없다. 주장은 해 놓고 이유를 물으면 '그냥'이라고 대답한다. 화가 나서 이유를 물어도 '그냥'이라고만 대답한다. '그냥'이라는 말은 '생각 없음'을 의미한다. '나는 아무 생각 없이 사는 사람이에요'라는 말과 같다.

왜 생각하기와 친해야 하는가?

사람은 생각하는 존재다. 생각이 멈추면 바보다. 공부란 '암기하기'나 '문제 풀이'가 아니라 '생각하기'다. 그런데 아이들은 공부라고 하면 암기나 문제 풀이로만 생각한다. 이런 공부를 막기 위해서 도입한 것이 서술형 시험이다. 즉, 서술형 시험은 생각 없이 암기하고, 문제 푸는 학생들의 학습 태도를 바꾸기 위해서 도입했다. 따라서 생각하기를 멀리하는 아이들은 서술형 시험이 참으로 곤혹스러울 수밖에 없다.

서술형 시험에 답변하기 위해서는 골똘히 생각해야 한다. 문제의 조건도 잘 읽어야 하고, 자료도 정확히 분석해야 하며, 자료를 분석한 내용과 자신의 지식을 연결시키고, 이를 적절한 문장으로 표현해야 한다. '그냥'을 쉽게 내뱉는 아이들에게 서술형은 그야말로 악몽 같은 시험이다. 서술형 시험은 끊임없이 생각하는 것을 요구하기 때문이다.

생각하기와 친하게 하려면

생각하기와 친하게 하는 가장 좋은 방법은 토론이다. 토론에는 '그냥'이 없다. 어떻게든 이유를 말해야 한다. 자기 주장의 근거를 타당하게 제시해야 한다. 토론은 생각하는 능력을 기르는 가장 좋은 방법이다.

가정에서도 토론을 해야 한다. 어떤 주제든 좋다. 일상생활의 습관이든, 철학이든, 역사든, 시사든, 책이든 상관없다. 토론할 만한 것이 있으면 언제든지 함께 토론 주제로 올리고 이야기를 나누어 보기 바란다.

특히 일상생활에서 토론하는 자세가 필요하다. 아이는 떼를 쓰고, 부모는 야단을 치는 짜증나는 대화는 이제 그만 두자. 아이가 떼를 쓰면 반드시 그 이유를 말하게 하고, 왜 그런지 정확히 밝히게 해야 한다.

"그거 안 사주면, 나 학원 안 갈 거야."
"학원을 가게 하려면 꼭 그것을 사달라는 거니? 그럼 넌 도대체 왜 그것을 학원에 안 가겠다고 말할 정도로 갖고 싶니? 엄마는 그것이 궁금한데, 너는 그 말은 하지 않고 무조건 사달라고만 하는구나."

부모들은 토론을 굉장히 어려운 일로 생각하는데 실제로 토론은 굉장히 쉽다. 쉬운 토론이 어렵게 느껴지는 이유는 한 가지다. 부모가 아이들에게 가르치려고 하기 때문이다. 아이를 대등한 토론자로 여기기만 하면 토론은 언제, 어떤 상황에서도 가능하다.

생각하기와 친해지는 또 다른 방법은 한 문제를 두고 오랫동안 생각하는 습관을 들이는 것이다. 아인슈타인은 빛에 대한 탐구를 16살에 시작해서 26살까지 했다. 무려 10년 동안 빛에 대해 고민했고, 10년 만에 해결했다. 아인슈타인 정도는 아니어도 수많은 천재들은 아주 오랜 기간 동안 한 문제를 붙잡고 씨름하여 결국은 해결한다. 어찌보면 천재는 '인내심이 있는 사람'을 의미하는지도 모른다.

아이들이 생각과 친하도록 하려면 문제를 많이 풀게 하는 것보다는 정말 붙잡고 씨름할 만한 가치가 있는 문제를 오랫동안 혼자 고민하게 하는 것이 좋다. 고민을 거듭하다가 마침내 문제를 해결하면 정말 짜릿하다. 이러한 경험을 몇 번 정도 겪으면 아이들은 자연스럽게 생각하기를 즐기고, 공부도 잘한다. 당연히 서술형 시험에도 강해진다.

 Part 03

서술형은 결국 쓰기다. 쓰기 능력을 갖추어야만 서술형 문제에 답할 수 있다.

서술형 시험을 잘 보려면 머릿속의 지식을 글로 표현할 수 있어야 한다.

글쓰기 능력은 초등학교 때 완성된다. 중·고등학교 때 별도로 쓰기 실력을

기르기는 현실적으로 어렵다. 초등학교 때 쓰기 기초를 튼튼히 다져야만

중·고등학교 때 치르는 서술형 시험에 자신감을 가질 수 있다.

이처럼 초등학교 때의 글쓰기가 중요한 것은 알지만 정작 엄마들은 아이들

글쓰기의 지도를 매우 어려워한다. 초창기에는 일기 쓰기나 독후감 지도를 해 보려고

하지만 대부분 실패하고, 전문가들에게 맡겨 버리거나, 아예 포기해 버린다.

이 장에서는 엄마가 직접 글쓰기 지도하는 방법을 정리했다. 전문가가 아니어도

너무나 간단하고 쉽게 할 수 있는 엄마표 글쓰기 지도법을 익혀 보기 바란다.

서술형 시험을
위한 엄마표
글쓰기 코칭

코칭 01

습관
:: 날마다 쓰기

주형이는 처음에는 글쓰기를 잘하지 못했다. 생각하는 것은 참 뛰어난데 이를 글로 표현하지 못했다. 방학을 맞아 주형이에게 날마다 쓰기를 권했다. 주형이는 노트 한 권을 마련해서 날마다 글을 썼다. 특별히 정해진 주제는 없었다. 그냥 그날 가장 쓰고 싶은 내용을 마음껏 썼다.

주형이는 엄마와 배드민턴을 친 이야기도 쓰고, 언니랑 마트에 간 이야기도 쓰고, 할머니 집에 놀러간 이야기도 썼다. 일기와는 달랐다. 일기는 비밀스런 감정이나 내용이 들어가기 마련이지만 주형이가 쓴 글에는 그냥 평범한 일상만 담겼다.

필자는 일주일에 한 번씩 주형이가 쓴 글을 읽었다. 읽는 재미가 정말 쏠쏠했다. 글을 읽다가 가끔씩 내 느낌도 써 주었다. 필자는 주형이 글을 읽는 것이 재미있고, 주형이는 필자의 답글에 즐거워했다.

처음에 주형이가 쓴 글은 대여섯 줄을 넘지 못했다. 아주 간단하게 자신이 보고 겪은 일을 적었다. 그러다 조금씩 글이 길어졌다. 묘사가 세밀해지고, 설명도 자세히 덧붙여졌다. 그러기를 4~5개월이 지나자 주형이는 웬만큼 긴 글은 아무 부담 없이 자유롭게 쓰는 능력이 생겼다. 어느덧 문장은 깔끔해졌고, 구성력도 늘었다.

왜 날마다 써야 하는가?

익숙하면 잘하고, 낯설면 못한다. 글쓰기도 마찬가지다. 글쓰기에 익숙하면 잘하고 익숙하지 않으면 못한다. 익숙하려면 날마다 해야 한다. 날마다 쓰면 글쓰기 실력은 자연스럽게 늘어난다.

신문기자들은 거의 날마다 글을 쓴다. 시간에 쫓기며 날마다 글을 쓴다. 원래 글을 잘 쓰는 사람들이기도 하지만 날마다 글을 쓰니 글 쓰는 것을 두려워하지 않는다. 써야 할 내용이 있으면 순식간에 쓴다. 초보 신문기자들은 기사를 쉽게 쓰지 못한다. 글은 잘 써도 기사 쓰기에 익숙하지 않기 때문이다. 시간에 쫓기며 쓰는 것도 익숙하지 않다. 그러나 어쩔 수 없이 날마다 써야 한다. 밥줄이 걸려 있으니 어쩔 수 없다. 그렇게 날마다 쓰다 보니 나중에는 쉽게 신문기사를 만들어 낸다.

일기는 날마다 쓰는 글이다. 일기는 글쓰기 실력을 키우는 가장 좋은 방법 중의 하나이다. 하지만 대부분의 아이들은 학년이 올라가면서 일기와 멀어진다. 아이들이 일기 쓰기와 멀어지는 이유는 프라이버시가 침해되는 것도 싫고, 선생님과 엄마가 자신의 일기를 보고 이러쿵저러쿵

하는 것도 싫고, 무엇보다 억지로 꾸며 쓰는 것이 싫기 때문이다.

날마다 쓰기를 하는 방법

글쓰기 능력을 기르는 데는 일기를 쓰는 것만큼 좋은 방법이 없다는 것은 알지만 아이들로 하여금 날마다 일기를 쓰게 하기는 어렵다. 앞에서 소개한 주형이는 일상의 경험을 그냥 부담 없이 썼다. 자기가 쓰고 싶은 것을 마음대로 썼다. 날마다 쓰기는 주형이처럼 하면 된다. 주형이가 사용하는 방법을 소개하면 다음과 같다.

첫째, 날마다 시간을 정해 두고 항상 그 시간에 쓴다. 시간을 정해 두지 않으면 빼먹는 날이 생길 수 있다. 시간이 정해져 있어야 까먹지 않고 날마다 쓸 수 있다. 정해진 시간이 되면 부모는 일절 다른 것은 하지 못하게 하고 글만 쓰도록 지도한다. 초기에는 엄마가 글 쓰는 시간이 되었음을 알려 주어야 한다.

둘째, 예쁜 노트 한 권을 마련한다. 언제 보아도 친근한 느낌이 드는 노트가 좋다. 글을 이곳저곳에 쓰지 않고 한 노트에만 쓰게 한다. 글은 한곳에 모여 있어야 쓸 맛이 난다. 필기구도 좋은 것을 마련해 준다.

셋째, 주제는 자기 마음대로 잡는다. 어떤 주제든 쓰고 싶은 것을 그냥 쓴다. 그날 가장 끌리는 이야기, 기록해 두고 싶은 이야기 등을 편하게 선택한다.

넷째, 3~5분 정도 시간을 정해 두고 아주 빠르게 쓴다. 시간 제한을 두고 빠르게 쓰면 미루지 않고 글을 쓰게 된다. 아울러 생각나는 대로 글을 쓰는 훈련도 된다.

다섯째, 그 어떤 평가도 받지 않는다. 그냥 즐겁게 쓰기만 한다. 부모가 글을 읽는다면 글에 대해 이런저런 평가는 하지 않고, 그냥 읽기만 한다. 즐거우면 즐거운 대로, 재미있으면 재미있다고 말해 주기만 하면 된다. 중요한 것은 재미있게 꾸준히 쓰는 습관이다. 부모가 즐겁게 읽어 주고, 날마다 쓰는 것을 대견스럽게 여기기만 해도 아이는 꾸준히 쓴다.

소재
:: 주변 100m 이내 이야기

상인이는 처음에 글쓰기를 시작했을 때 세 줄을 넘지 못했다. 그래서 늘 "세 줄만 넘겨라"라는 말을 필자가 입에 달고 살았다. 상인이 스스로 길게 쓰려고 무지 노력했지만 좀처럼 세 줄 글에서 벗어나기 어려웠다. 상인이의 줄 글은 보통 이런 식이었다.

저는 도전하는 것보다는 안정적인 것이 좋다고 생각합니다. 도전하는 것은 높은 성취를 얻을 수 있기는 하지만, 실패하면 잃는 것이 너무 많습니다. 안정적인 삶은 변화는 없지만 그래도 훨씬 행복합니다.

내용 자체는 제법 좋다. 그러나 그 이상의 글은 나오지 않았다. 억지로 늘리면 문장도 이상하고, 앞에 했던 소리를 반복하는 수준에서 벗어나지 못했다. 몇 개월 뒤, 상인이의 글은 몰라보게 길어졌다. 한두 줄 더 길어진 것이 아니라 한 페이지 전체를 꽉 채우고도 남을 정도의 글을 썼다. 글 내용도 단순한 주장이나 생각에서 벗어났다. 풍부한 이야기가 가득했다.

상인이는 처음과는 완전히 다른 글을 쓴다. 상인이 글을 읽으면 깊이가 있다는 것을 느낄 수 있다. 무엇보다 읽는 재미가 넘친다. 상인이에게 도대체 무슨 변화가 있었던 것일까?

왜 가까운 이야기를 써야 하는가?

요즘 상인이가 쓴 글에는 자기 이야기가 가득하다. 자신이 학교에서 겪은 이야기, 엄마와 있었던 이야기, 친구들 사이에서 벌어지는 이야기, 자신이 잘 아는 사람이 들려 준 이야기가 가득하다. 상인이 글에 등장하는 이야기는 거의 대부분 상인이의 주변 100m 이내에서 건진 것들이다. 그래서인지 실감이 난다. 억지로 꾸미지 않은 자연스러움이 묻어난다.

상인이 글이 뛰어난 것은 단지 자기와 밀접한 이야기이기 때문만은 아니다. 이야기가 글의 주제와 너무나 잘 맞아떨어지기 때문이다. 자신의 주장과 자기 경험이 일치하기 때문에 설득력이 높고, 읽는 사람이 쉽게 공감할 수 있다. 주장은 뻔하지만 그 근거가 참신하므로 읽는 맛이 나고, 고개가 저절로 끄덕여진다.

물론 처음부터 상인이가 주제와 자기 경험을 잘 연결시킨 것은 아니다. 수많은 시행착오를 겪었다. 그래도 반복해서 늘 자기 이야기를 쓰려고 했다. 주어진 주제가 있으면 늘 자기 주변을 돌아보는 습관을 들였다. 그리고 그런 노력이 어느 정도 쌓이면서 완전히 새로운 글, 즐거운 글, 재미있는 글을 쓸 줄 아는 능력을 지니게 되었다.

주변 이야기를 쓰는 방법

요즘은 '스토리' 시대다. 이야기가 있어야 한다. 수험생과 취업희망자들도 스펙(화려한 경력)보다는 삶의 열정을 담은 이야기가 있어야 하고, 제품에도 이야기가 있어야 하며, 관광 명소에도 이야기가 있어야 한다. 인기 있는 텔레비전 예능 프로그램은 이야기로 가득 차 있다. 사람들의 공감을 이끌어내는 이야기야말로 요즘 세대 최고의 히트 상품이다. 현대인들은 이야기를 소비하며, 이야기에 열광한다.

글에도 이야기를 담아야 한다. 딱딱한 글보다는 이야기에 주목해야 한다. 사실 대부분의 아이들에게 글을 쓰라고 하면 자연스럽게 이야기를 쓴다. 이야기를 하고 싶은 마음은 인간의 본성이기 때문이다. 저학년 아이들이 쓴 글에는 이야기가 넘친다. 반면에 고학년으로 갈수록 이야기는 어디론가 사라지고, 딱딱한 생각과 건조한 사건만 남는다.

저학년 아이들은 자연스럽게 이야기를 쓰기 때문에 이야기에 적절하게 반응해 주기만 하면 된다. 문장이나 구성은 전혀 상관하지 말고, 이야기에 흥미를 갖고 있다는 점을 부모가 알려 주기만 해도 아이들은 자연스럽게 이야기를 쓴다.

이야기를 잃어버린 고학년에게는 이야기를 쓰도록 자꾸 격려해야 한다. 날마다 글쓰기를 할 때는 일상 속에서 주제를 발견하도록 권유하는 것이 좋다. 딱딱한 느낌이 나는 글은 '재미없다'는 표정을 짓고, 재미있는 글을 읽으면 환한 표정을 짓는 것만으로도 아이로 하여금 글을 쓰도록 할 수 있다. 이야기를 몇 번만 쓰다 보면 자기 스스로 이야기 쓰는 재미에 빠져서 재미있는 이야기를 쓰게 된다. '날마다 쓰기'를 '날마다 이야기 쓰기'라고 해도 좋다. 자신이 보고, 겪고, 느끼고, 들은 이야기를 그냥 재미있게, 편안하게 쓰면 글쓰기 실력은 저절로 늘어난다.

어휘력
:: 부모와 나누는 대화

석민이는 정말 어휘력이 뛰어나다. 석민이가 사용하는 어휘의 다양함
과 수준 높음은 또래들과 견줄 수 없을 정도다. 석민이는 책을 그리 많
이 읽는 편도 아니고 읽는 책의 수준도 또래들과 비슷하다. 그런데도
어휘력은 보통 아이들이 따라갈 수 없는 수준이다. 도대체 석민이의 어
휘력은 어떻게 길러진 것일까? 해답은 바로 아버지였다.

석민이 아버지는 대기업에 다니신다. 보통 저녁 늦게 퇴근하시기 때문
에 석민이와 이야기를 나눌 시간이 거의 없다. 주말에도 이런저런 스케
줄이 많아서 가족이 함께 시간을 보내기가 어렵다. 이처럼 바쁜 아버지
라도 반드시 지키는 시간은 있다. 바로 아침 식사 시간이다. 석민이가
아주 어렸을 때부터 반드시 아침은 가족 모두가 함께 먹었다고 한다.

식사를 하면서 석민이 아버지는 이런저런 이야기를 많이 한다. 아버지

가 하는 이야기는 조금 어렵다. 석민이 아버지는 세계 경제 이야기를 하기도 하고, 주식 이야기도 하고, 회사에서 하는 일도 이야기 한다. 가끔은 정치, 사회 이야기도 한다. 어떤 날은 아버지가 읽고 있는 책에 나온 어려운 지식을 들려 주기도 한다. 석민이 어머니도 대화에 동참한다. 두 분은 석민이를 제외시키지 않는다. 석민이 아버지는 주로 석민이에게 자신이 하는 일을 들려 준다. 석민이는 그런 이야기를 재미있게 듣는다. 처음에는 어려워서 무슨 말인지 잘 몰랐지만 아버지가 하는 이야기를 늘 듣다 보니 저도 모르게 아버지가 사용하는 어휘를 받아들였다.

왜 어른이 아이와 대화를 해야 하는가?

서술형 쓰기를 잘하려면 어휘력은 필수다. 자신이 사용하는 어휘의 뜻을 정확하게 알고 답변을 해야 정답으로 인정받는다. 특히 고급 어휘를 자유롭게 사용하면 더 높은 점수를 얻을 수 있다. 그런데 학년이 올라갈수록 아이들은 어려운 한자어의 뜻을 잘 몰라서 엉뚱한 글을 쓰는 경우가 많다.

선우는 아픈 일을 겪고 난 뒤에 현지에게 절규하듯 고통을 호소했다.

이 문장을 읽고 어휘력이 부족한 아이들은 '절규'와 '호소'의 뜻이 무엇인지 잘 모른다. 대충 짐작할 수도 있을 텐데 그 뜻이 다가오지 않는 모양이다. 이 문장을 보여 주고 '절규'의 뜻을 짐작해 보라고 하면 많은 아이들이 '절규'를 '절교'와 같은 뜻인 줄 안다. '호소'를 '호스'랑 같은 말로 짐작하는 아이들도 있다.

그런데 석민이는 다르다. 석민이는 이 문장을 보여 주자 절규와 호소의 뜻이 무엇인지 바로 알았다. 그 전부터 알았느냐고 물었더니 아니란다. 문장을 보니 어떤 뜻인지 짐작이 가고, 그 짐작은 정확했다. 석민이는 어휘를 사전으로 익히지 않았다. 아버지와 나누는 고급스런 대화 속에서 어휘 뜻을 파악하는 방법을 자기도 모르게 익힌 것이다.

어른들이 아이들과 대화를 많이 하면 아이들은 자신도 모르게 저절로 어휘력이 향상된다. 무엇보다 어휘를 문맥 속에서 이해하는 법을 배운다. 많은 아이들이 글을 읽다가 어려운 어휘가 나오면 문장 전체 뜻을 이해하지 못한다. 문맥을 통해 충분히 파악할 수 있는 데도 노력을 하지 않는다. 이는 영어도 마찬가지다. 문맥 속에서 어휘의 뜻을 파악하는 힘이 있는 학생은 모르는 영어 단어가 나와도 앞뒤 표현을 통해 무슨 뜻인지 짐작할 수 있다.

어휘력을 기르기 위해 어휘 사전을 보거나, 책을 읽을 수도 있지만 어른과 나누는 대화는 어휘력을 기르는 데 효과가 있다. 사전이나 어휘력 관련 책을 읽고 익히는 어휘는 실제 활용도 면에서 많이 떨어진다. 영어 단어를 정말 많이 외우지만 실제에서는 잘 사용하지 못하는 것과 같은 이치다.

아이와 대화를 나누는 방법

부모가 평상시에 아이와 나누는 대화는 서로 감정을 나누고, 관계를 좋게 하는 효과가 있을 뿐만 아니라 학습 효과도 뛰어나다. 이때의 대화는 바로 공부인 셈이다. 아이와 대화를 많이 나누어야 한다. 자녀와 대화를 나누기 어렵다면 시중에 나와 있는 다양한 자녀 교육서를 참고하기 바란다. 효과적인 대화법에 관한 책은 수도 없이 많기 때문에 여기서는 어휘력을 기르기 위한 대화법에서 지켜야 할 원칙 세 가지만 제시하겠다.

첫째, 훈육과 대화를 구분한다. 훈육은 부모가 아이를 가르치는 것이다. 훈육은 부모가 위에 있고, 아이가 낮은 데 있다. 아이가 잘못했을 때, 아이를 올바른 인생으로 이끌고자 할 때 부모가 하는 것이 훈육이다. 훈육은 평등한 관계가 아니다. 반면에 대화는 평등한 관계에서 이루어진다. 따라서 훈육과 대화를 구분해야 한다. 훈육을 할 때는 위아래를 엄격하게 구분해야 한다. 반면에 대화를 할 때는 아이의 의견을 존중하고, 귀담아 들어야 한다.

둘째, 아버지와 어머니의 직업과 관련된 이야기를 많이 한다. 아이들에게는 부모의 직업과 하는 일을 적극적으로 말해 줄 필요가 있다. 아버지, 어머니의 일은 알 필요 없다면서 아이들을 무시하면 안 된다. 아이들은 아버지, 어머니가 하는 일을 알아야 한다. 그래야 아버지, 어머니가 고생하는 것을 알고 고마워한다. 무엇보다 아버지, 어머니가 전문적으로 하는 이야기를 통해 세상을 접하고, 어휘력을 기른다. 효도하는 아이, 세상을 깊게 이해하는 아이, 어휘력이 뛰어난 아이를 기르고 싶다면 아버지, 어머니의 직업에 관한 이야기를 많이 하기를 바란다.

셋째, 아이가 전문적인 이야기를 들을 정도의 자격이 있다는 느낌을 심어 준다. 어려운 이야기라고 아이를 소외시키거나 몰라도 된다고 치부하면 안 된다. 물론 어른들 이야기 중에서 아이들이 몰라도 되는 이야기, 모르면 더 좋은 이야기가 분명히 있다. 그런 이야기는 어른들끼리 하면 된다. 아이들과 있는 자리에서는 아이들도 충분히 듣고 판단할 자격이 있음을 인정하고 존중하는 자세가 필요하다. 초등학생이라 해도 생각할 줄 알고, 나름대로 판단력도 있다. 아버지, 어머니가 하는 진지한 이야기를 경청하고, 자기 의견을 말할 줄 아는 초등학생을 생각해 보라. 정말 멋지지 않은가? 이런 학생은 서술형 시험을 잘 볼 뿐 아니라, 인격도 훌륭하게 형성된다.

코칭
04

문장력
:: 좋은 문장 기록하기

디아코니아 수도회는 하루 한 말씀을 읽고, 생각하는 전통이 있다. 이는 아주 오래전부터 이어져온 전통으로, 예수의 소중한 말씀 한 마디를 아침에 읽고 하루 온 종일 그 말씀을 기억하고, 되새기며 생활하는 것이다.

필자가 다니는 자그마한 시골 교회 목사님도 하루를 시작할 때 늘 한 말씀을 간직하며 보낸다고 한다. 그 목사님은 손수 유기농 농사를 지으시는데 하나의 문장이 하루 종일 자기 내면에 머물다 보면, 그 문장에 담긴 의미가 새롭게 다가오고, 문장이 온전히 자기 것이 되는 느낌이 들 때가 많다고 한다.

이것이 바로 '하루 한 문장'의 힘이다. 하루 한 문장이 별것 아닌 것 같지만 실로 놀라운 힘을 발휘한다. 일 년이면 365문장이다. 이를 3년만 반복하면 1,000문장이 넘는다. 실로 엄청난 숫자다. 그 모든 문장이 모두 내면에서 살아숨쉰다고 생각하면 정말 대단하지 않은가?

왜 좋은 문장을 기억해야 하는가?

글의 기본은 문장이다. 좋은 문장을 많이 접하고, 기억하면 좋은 글을 쓴다. 훌륭한 작가들은 훌륭한 글을 흉내 내는 것에서 글쓰기 수업을 시작한다. 좋은 문장을 흉내 내다 보면 좋은 문장이 무엇인지 스스로 익히고, 그러다 보면 문장을 쓰는 힘이 생긴다.

아이들도 마찬가지다. 문장력이 부족한 아이들의 문장력을 기르려면 좋은 문장을 자꾸 접하고 기억하게 해야 한다. 좋은 문장을 많이 기억하는 아이는 알게 모르게 그 문장과 비슷한 형식의 문장을 쓰려고 한다.

흉내 내려고 하다 보면 좋은 문장이 절로 나온다. 자신이 쓴 문장에 오류가 있을 때도 알고 있는 문장과 견주어 보면서 오류를 잡아 낸다. 서술형 시험은 문장으로 답을 한다. 문장을 잘 써야 점수가 높다. 문장으로 쓸 줄 모르면 좋은 점수를 받을 수 없다.

좋은 문장을 기억하게 하는 방법

좋은 문장을 기억하는 것이 필요하다고 해서 아이들에게 이를 강요하면 싫증을 낸다. 즉, 좋은 문장을 기억하는 일이 또 다른 숙제처럼 느껴지도록 하면 안 된다. 좋은 문장을 기억하는 일도 다른 모든 일과 마찬가지로 자연스럽게 이루어지도록 해야 한다.

첫째, 책을 읽으면 반드시 문장 하나를 건져 내게 한다. 좋은 책이란 좋은 문장이 담긴 책이다. 필자는 개인적으로 좋은 문장이 없는 책은 좋은 책이 아니라고 생각한다. 책을 읽을 때는 밑줄을 그으면서 읽게 하고, 밑줄을 그은 문장 중에서 마음에 드는 문장을 고르게 한다. 이때 부모가 먼저 멋진 문장을 발견해 내는 것이 좋다. 책 한 권에서 좋은 문장 하나를 발견하는 것은 그리 어려운 일이 아니다.

둘째, 손에 쥘 수 있을 만큼 작은 노트에 좋은 문장을 적게 한다. 깨끗한 글씨로 문장을 옮겨 적는 것이 문장 공부다. 한 번 읽고 기억하는 것은 쉽지 않으므로 반드시 기록해야 한다. 문장을 옮겨 적는 것은 낚시와 같다. 책에서 문장을 낚아 올려 노트라는 어망에 담아야 자기 것이 된다.

셋째, 문장이 적힌 작은 노트를 틈날 때마다 소리 내어 읽는다. 소리 내어 읽으면서 문장이 지닌 의미를 음미해 본다. 깊이 음미할수록 문장은 자기 것이 된다.

넷째, 좋은 문장을 흉내 내거나, 그 문장을 활용하여 글을 쓰거나, 말을 할 경우에는 격려를 해 준다. ≪조커, 학교가기 싫을 때 쓰는 카드≫(수지모건스턴)를 보면 노엘 선생님이 학생들에게 '천재지변'이라는 어려운 단어를 가르쳐 주고, 이를 일상에서 잘 활용하는 경우 선물을 주겠다고 약속하는 장면이 나온다. 바로 얼마 뒤 어떤 학생이 '천재지변'을 아주 적절한 곳에 사용한다. '천재지변'을 현실에서 사용한 그 아이는 '천재지변'이라는 표현을 완벽하게 이해했다. 문장을 노트에만 기록해 두지 말고 필요할 때 꺼낼 수 있다면 이미 그 문장은 완전히 아이 것이 된다.

서술형 문장
:: 교과서 베껴 쓰기

필자는 오즈의 마법사를 참 좋아한다. 오즈의 마법사에 일일이 주석을 단 책도 챙겨 볼 정도다. 개성이 생생하게 숨쉬는 등장인물들, 판타지로 풀어 내는 이야기가 모두 마음에 들지만 무엇보다 마음에 드는 것은 소원을 이루는 방식이다.

허수아비는 지혜가 담긴 두뇌를 원하고, 나무꾼은 사랑을 할 심장을 원하며, 사자는 진정한 용기를 원하고, 도로시는 집으로 돌아가기를 원한다. 자신들의 간절한 소원을 이루기 위해 네 친구들은 위험을 무릅쓰고, 마법사 오즈를 찾아간다. 결국 소원을 이루게 되는데, 소원을 이루는 방식이 정말 특별하다. 소원을 이루는 방법은 모두 자기 안에 있었다. 허수아비는 두뇌가 없어도 지혜롭고, 나무꾼은 심장이 없어도 사랑할 줄 알며, 사자는 이미 용감했다. 오즈는 단지 그들이 자신을 믿도록 해 줄 뿐이었다. 도로시도 마찬가지다. 도로시가 집으로 돌아갈 방법은 자신이 신고 있는 신발에 있었다. 도로시의 신발은 오즈의 나라에 처음 도착하자마자 얻었다. 오즈 나라에 도착한 순간 이미 도로시는 자기의 소원을 이루어 줄 방법을 갖고 있었던 것이다.

재미있는 이야기 전개, 살아 있는 인물들, 쉽지만 정말 깊은 철학까지 필자가 평소 쓰고 싶었던 모든 것이 오즈의 마법사에 있다. 필자는 언젠가는 오즈의 마법사와 같은 이야기를 꼭 쓰겠다고 다짐한다. 그래서 늘 오즈의 마법사를 마음속에 품고 산다.

왜 교과서를 베껴 써야 하는가?

베껴 쓰기는 '모방하기'다. 베껴 쓰기는 단순히 옮겨 적는 행위가 아니라 베끼는 과정에서 자신의 것으로 소화한다. 좋은 문장을 옮겨 적으면서 자기 것으로 만드는 것과 같은 원리이다. 많은 문인들, 기자들, 작가들이 자신이 좋아하는 사람의 글을 베끼는 것으로 글쓰기 훈련을 한다. 필자가 오즈의 마법사를 마음에 품고 살듯이, 모든 글쟁이들은 자기가 꿈꾸는 글을 마음에 품고 산다. 좋은 글을 쓰고 싶다면 꼭 모방하고 싶은 책이나 작가를 마음속에 담아 두어야 한다.

교과서는 공부의 기본이다. 선생님은 교과서로 가르치고, 참고서는 교과서를 보고 만들며, 시험 문제도 교과서를 바탕으로 나온다. 따라서 학교 공부를 하는 학생이라면 교과서를 마음에 품고 살아야 한다. 마음에 품는 가장 좋은 방법은 '베껴 쓰기'다. 베껴 쓰는 과정에서 교과서가 아이의 마음속에 살아 움직인다.

　교과서를 베껴 쓰는 가장 큰 이유는 서술형 시험 답변을 할 때 교과서에 실린 문장이 표준이기 때문이다. 선생님들이 서술형 시험을 채점할 때 채점의 기준이 되는 문장은 교과서에 다 있다. 교과서처럼 문장을 쓸 수 있다면 서술형 시험 답변은 더 이상 걱정할 것이 없다.

　당연하지만 베껴 쓰기는 시험과 상관없이 문장력을 키우는 데도 큰 도움이 된다. 정확하고 깔끔한 문장이 가득한 교과서는 그 자체로 문장 공부를 하기에 좋은 교재이다.

교과서 베껴 쓰기를 하는 방법

　베껴 쓰기를 할 때는 정확한 방법으로 해야 한다. 첫째, 날마다 일정 시간을 정해 두고 꾸준히 하는 것이 중요하다. 날마다 글쓰기를 할 때 같이 하면 좋다. 베껴 쓰기를 10분 정도하고, 글쓰기를 5분 정도하면 그날 글쓰기 훈련은 충분하다.

　둘째, 베껴 쓸 때는 대충 쓰지 말고 또박또박 쓴다. 정확하게 쓰는 것이 베껴 쓰기를 할 때 가장 중요하다. 문장 하나, 표현 하나, 단어 하나에 주의를 기울여야 한다. 베껴 쓰기를 하면 글씨체 교정 연습 효과도 얻을 수 있다. 단순히 글만 베끼지 말고 교과서의 글씨체까지 그대로 흉내 내도록 노력하면 글씨체가 안 좋은 아이들에게도 효과가 있다.

　셋째, 베껴 쓴 뒤에는 꼼꼼하게 한 번 이상 읽는다. 쓰고 읽어야 온전히 자기 것이 된다. 읽는 과정에서 글을 음미하고, 자신이 닮고 싶은 글은 마음에 새겨 넣는다.

　일반적으로 베껴 쓰기는 좋은 작가의 좋은 책을 선정하는데, 교과서 베껴 쓰기를 할 부분을 선택할 때도 마찬가지다. 일단 아이가 좋아하는 과목, 좋아하는 내용을 베끼는 것으로 초기 습관을 들이는 것이 좋다. 좋아하는 분야를 적어야 처음에 재미를 들이면서 베껴 쓸 수 있다. 어느 정도 베껴 쓰기가 손에 익은 뒤에는 가장 중요한 부분을 베껴 쓰는 것이 좋다. 단원의 핵심이 되는 부분을 베껴 쓰면서 이해를 높이기 위함이다. 마지막으로 가장 어렵고 힘들어 하는 과목을 베끼게 한다. 어려운 과목은 되도록 공부를 안 하려고 하는 것이 아이들의 마음이다. 어렵더라도 회피하지 않고 도전하도록 격려해야 한다.

구성력
:: 하나의 생각을
한 문단으로

한 편의 글을 잘 쓰기 위해서는 하나의 문단을 잘 쓸 줄 알아야 한다. 한 문단을 잘 쓰는 아이라면 한 편의 글쓰기는 그리 어렵지 않다. 대부분의 아이들은 글을 쓸 때 문단을 구분하지 못한다. 문단을 나누지 않고 처음부터 끝까지 한 문단으로 글을 쓰는 경우가 대부분이다. 분명히 내용이 바뀌는데도 문단을 바꾸지 않고 그냥 끝까지 밀고 나간다. 그런 아이들에게 문단을 나누어 보라고 하면 굉장히 어려워한다. 자기가 쓴 글인데도 어디서 어떻게 문단을 나누어야 할지 모른다. 자기 글을 자신이 이해하지 못하기 때문이다.

반면에 글을 잘 쓰는 아이들은 문단을 정확한 곳에서 나눈다. 문단을 나누는 것을 보면 글을 제대로 알고 썼는지 판단할 수 있다. 글 잘 쓰는 아이들은 글의 흐름을 읽을 줄 알고, 문단을 구성할 줄 안다. 초보 글쓰기에서 수준 높은 글쓰기로 발전하려면 반드시 문단을 구성할 줄 알아야 한다. 문단은 하나의 '생각 꾸러미'이다. 같은 생각, 비슷한 이야기를 하나로 묶는 것이 문단이다. 생각 꾸러미들이 모이고 모여 하나의 글을 이룬다.

문단 쓰기가 왜 중요한가?

서술형 시험을 잘 보기 위해서는 문장력만 좋으면 될 것이라고 생각하지만 전혀 그렇지 않다. 초급 수준의 서술형 시험은 문장력으로 충분하다. 그러나 난이도가 올라가면 하나의 문단을 구성하여 답해야 한다. 특히 고등학교로 올라갈수록 문장이 아니라 50~100자 가량되는 문단으로 답할 것을 요구한다.

문장을 잘 쓰면 문단도 잘 쓸 것 같지만 꼭 그렇지는 않다. 좋은 문장을 쓸 줄 아는 아이들 중에서도 문단을 제대로 엮어 내지 못하는 아이들이 정말 많다. 문단을 구성하려면 제법 논리력을 갖추어야 한다. 글의 흐름을 읽을 줄 알고, 문장과 문장의 역할을 이해해야 한다. 그것은 상당한 수준에 이르러야 가능하다.

실제로 서술형 시험을 보면 문장으로는 답을 잘하면서도 문단 구성을 못해서 감점을 당하는 경우가 많다. 특히 중상위권 아이들이 이런 경향이 두드러진다.

문단 쓰기를 지도하는 방법

앞에서도 이야기했듯이 문단은 하나의 생각 꾸러미, 생각 묶음이다. 비슷한 생각을 짜임새 있게 짧은 글로 구성한 것이 문단이다. 문단 쓰기 훈련은 전문가의 도움을 받아야 가능할 것 같지만 꼭 그렇지는 않다.

첫째, 날마다 쓰기가 바로 문단 쓰기 훈련이다. 날마다 쓰기의 시간은 3~5분이다. 이 정도 시간은 한 문단을 쓰기에 안성맞춤이다. 날마다 쓰기를 할 때는 여러 이야기를 글에 담지 말고, 되도록 하나의 이야기, 하나의 생각 묶음을 쓰도록 한다. 날마다 쓰기만 꾸준히 해도 하나의 문단을 구성하는 힘이 길러진다.

둘째, 일상의 요구를 문단으로 쓰게 한다. 하나의 문단을 구성하기 위해서는 논리력이 필요한데, 논리력은 쉽게 길러지지 않는다. 자신의 요구, 원하는 바를 얻기 위하여 타인을 설득하는 과정에서 논리력이 가장 잘 길러진다. 만약 아이가 원하는 것이 생기면 작은 것이라도 그냥 말로 하지 말고, 하나의 완성된 문단으로 쓰도록 유도하는 것이 좋다. 자신이 정말 필요로 하는 것을 얻으려고 애쓰는 과정에서 논리력과 문단 구성력이 자연스럽게 길러진다.

셋째, 베껴 쓰기를 통해 문단 구성을 연습한다. 베껴 쓰기를 할 때 하나의 문단을 대상으로 하는 것이 좋다. 짜임새가 좋아 보이는 한 문단을 선정한 후 문단의 구성을 음미하면서 베껴 쓰기를 하도록 한다. 문장뿐만 아니라 문단도 베껴 쓰기를 통해 충분히 훈련할 수 있다.

코칭
07

문장 완성
:: 고쳐 쓰기

옛날 당나라 시인 가도가 당나귀를 타고 가다가 시 한 수가 떠올랐다.

조숙지변수(鳥宿池邊樹) 승퇴월하문(僧推月下門)
새는 연못가 나무에 자고, 중은 달 아래 문을 민다

시를 지은 가도는 가만히 생각해 보니 '문을 민다(推, 퇴)'보다 '두드린다(敲, 고)'고 하면 좋지 않을까 생각했다. 하지만 처음 떠오른 '문을 민다'도 쉽게 포기하기 어려웠다. 가도는 '민다'고 해야 할지, '두드린다'고 해야 할지 골똘히 생각하다가 높은 벼슬아치인 한유의 행차를 못보고 길을 가로막게 된다. 예부터 높은 벼슬아치들의 행차를 가로막으면 큰 혼찌검이 났다. 한유 앞으로 끌려간 가도는 사연을 이야기했다. 한유는 한참 생각하더니 "민다(推)보다 두드린다(敲)가 좋겠다"고 말한다. 이때부터 퇴고(推敲)라는 말이 생겼는데, 문장을 신중하게 가다듬는 과정을 의미한다.

예부터 문인들은 자신이 쓴 문장을 심사숙고하며 퇴고했다. 문장 하나, 어휘 하나를 자기 자식처럼 아꼈다. 그래서 훌륭한 문인들은 자신이 쓴 문장을 아끼고 사랑한다. 문장을 고치고 다듬으면서 그만큼 정성을 기울였기 때문이다. 문장을 품에 안고 씨름하며 고치는 과정은 어머니가 생명을 잉태하고 출산하는 과정과 닮았다. 자신의 글을 그토록 사랑하므로, 독자들도 문인이 낳은 글을 사랑할 수밖에 없다.

고쳐 쓰기는 왜 필요한가?

거의 대다수 아이들이 자신이 쓴 글을 스스로 고치지 않는다. 한 번 써 놓고는 그냥 내버려 둔다. 선생님이나 어머니가 이런저런 지적을 해야만 그때서야 마지못해 고친다. 그럴 때도 거의 억지로 고치기 때문에 고치는 실력이 나아지지도 않는다. 고치는 과정이 없으면 글쓰기 실력은 늘 그대로다. 자기 글을 스스로 고칠 줄 알아야 글쓰기 실력이 발전한다. 자기 글을 고칠 줄 아는 아이가 글을 잘 쓰는 아이다. 고쳐 쓰기를 하면 글의 약점을 발견할 수 있고, 글을 개선할 수 있다. 자기가 쓴 글을 고치고 다듬기 위해서는 자신이 쓴 글을 골똘히 연구하고 읽을 수밖에 없고, 그 과정에서 자기 글의 부족한 점을 발견한다. 이런 과정을 꾸준히 거치면 자연스럽게 자신의 글쓰기 약점이 개선된다.

실제 서술형 시험에서도 고쳐 쓰기 능력은 꼭 필요하다. 한 번 쓴 답이 완벽하면 좋겠지만 그렇지 않을 가능성은 늘 존재한다. 자기가 쓴 서술형 답변을 읽어 보고 잘못된 점을 고칠 줄 아는 능력이 있어야 서술형 시험에서 높은 점수를 얻을 수 있다.

고쳐 쓰기를 하는 방법

고쳐 쓰기도 날마다 쓰기와 결합하여 훈련하면 된다. 날마다 쓰기를 하고 나서 글을 그냥 내버려 두지 말고 반드시 고쳐 쓰기를 해야 한다. 고쳐 쓰기를 하는 요령은 다음과 같다.

첫째, 자기 글을 소리 내어 읽는다. 눈으로 읽는 것보다 소리 내어 읽는 것이 고치는 데 훨씬 좋다. 왜냐하면 아이들은 글은 아직 완전하지 않지만 말은 대부분 완전하게 하기 때문이다. 입말이 이미 익숙하기 때문에 익숙한 입말에 잘 맞지 않는 문장을 발견할 때 고치면 된다.

둘째, 누군가의 지적을 받은 후에 고치지 말고 자기 스스로 고쳐야 한다. 지적은 글쓰기를 싫어하게 만드는 중요한 요인이다. 따라서 스스로 고치는 것이 좋다. 스스로 고쳐야 시험 볼 때도 잘못된 문장을 고치는 능력이 생긴다.

셋째, 긴 문장은 웬만하면 짧게 끊어 쓰게 한다. 이것은 옆에서 바로 잡아 주어야 한다. 아이들의 글을 보면 문장이 긴 경우가 굉장히 많다. 필자는 심지어 600자나 되는 글을 단 하나의 문장으로 쓰는 경우도 보았다. '〜고', '〜며', '〜해서'와 같은 접미사로 끝없이 이어지는 문장은 읽기도 어렵고, 문법에 어긋나기도 쉽다. 그래서 글을 쓸 때는 늘 짧고, 명쾌한 언어를 권한다. 이 부분은 아이가 스스로 깨닫기 어려우므로 지나치게 긴 문장이 나오면 항상 짧고 간단명료하게 고치라고 지도해 주는 것이 좋다. 이 정도의 지도는 아이들에게 큰 부담이 되지 않는다.

넷째, 수정하기 전 문장과 수정한 뒤의 문장을 견주어 본다. 고쳐 쓰기를 하라고 하면 그 이전에 쓴 문장을 지우고 다시 고쳐 쓰는데 그러면 변화를 견주어 보지 못한다. 단순한 오탈자는 그냥 고치되 문장 자체의 표현을 바꾸는 경우라면 반드시 새롭게 문장을 써서 기존 문장과 견주어 보아야 한다. 견주어 보아야 고치는 효과를 눈으로 확인할 수 있으며, 아이의 잘못된 문장 습관을 바로 잡을 수 있다.

코칭
08

메모
:: 수업을 곧바로 적기

교실에 삼십 명의 학생들이 모여 있다. 수업을 듣는 아이들의 모습을 가만히 관찰해 보면 네 그룹으로 구분된다. 첫 번째 그룹 열 명, 수업에 집중하지 않고 딴 짓을 한다. 듣고 있는 듯 보여도 정신이 다른 데 가 있다. 두 번째 그룹인 열 명은 듣기만 한다. 듣고 있을 뿐 별다른 움직임이나 동작을 취하지 않는다. 세 번째 그룹인 일곱 명은, 들으면서 밑줄도 긋고 메모도 한다. 선생님이 필기한 것이나, 중요하다고 한 것에 표시를 한다. 마지막 네 번째 그룹인 세 명은, 집중해서 듣고, 자기 식으로 들은 내용을 정리한다. 네 번째 그룹의 성적이 가장 높고, 첫 번째 그룹이 가장 낮다.

독서 수업을 진행하다 보면 친구는 맞고 자신은 틀려서 친구가 답을 불러 주는 경우가 종종 있다. 이때 친구가 불러 주는 것을 받아 적는 아이들은 크게 세 그룹으로 나눌 수 있다. 첫째 그룹은 한 번 불러 주면 알아서 적는다. 둘째 그룹은 두 번, 세 번 불러 주어야 적는다. 셋째 그룹은 아주 천천히 읽어 주어야 겨우 받아 적는다. 정말 받아쓰기를 한다. 때로는 불러 주는 것을 멈추고, 단어가 무엇인지 물어보기도 한다.

첫째 그룹은 들으면 바로 이해하고 쓰는 수준이다. 듣는 동시에 이해를 하기 때문에 굳이 문장을 일일이 기억하지 않아도 된다. 그래서 듣고 바로 쓴다. 둘째 그룹은 이해는 하지만 완전히 자기 것이 되지 못했다. 그래서 두세 번 불러 주어야 겨우 받아 적는다. 반면에 셋째 그룹은 친구가 불러 주는 내용을 전혀 이해하지 못하기 때문에 단어 하나까지 전부 천천히 불러 주어야 한다. 말 그대로 초등학교 1~2학년 때의 받아쓰기를 한다.

필자는 오랫동안 학생들을 만나오면서 듣고 정리하는 모습만 봐도 대충 성적이 어느 정도인지 짐작할 수 있다. 왜냐하면 듣고 정리하는 수준이 바로 그 아이의 이해력 수준이기 때문이다.

정리하는 능력은 왜 중요한가?

철민이의 노트와 책을 보면 남학생인데도 깔끔하게 정리가 되어 있다. 이상하게 들릴지 모르겠지만 철민이의 정리 실력은 사교육을 받지 못하는 데서 왔다. 철민이는 사교육을 거의 받지 않았다. 그래서 수업 시간에 듣지 않으면 다시 들을 기회가 없었다. 모르는 것을 들을 수 있는 기회는 오직 학교 수업 때뿐이었다. 그래서 이것이 마지막이라 생각하고, 기억하면서 들으려고 한다. 반면에 다른 아이들은 워낙 이곳저곳에서 수업을 많이 들으니 굳이 지금 기억하고, 적을 필요가 없다. 그래서 적으려고 하지 않는다. 배움을 향한 절박함의 차이가 정리 능력의 차이가 되었고, 이것이 곧 학교 성적이 되었다.

선생님들은 강의를 하면서 별도로 정리해 주는 경우가 많다. 칠판에 판서를 하기도 하고, 인쇄된 종이를 나누어 주기도 한다. 그게 무엇이든 간에 선생님이 정리해 주는 대로 받아먹는 습관에서 벗어나야 한다. 특히 어려운 내용을 길게 설명할 경우, 들으면서 바로 정리하는 연습을 반복해야 한다. 나중에 따로 불러 줄 때까지 기다리지 말고 들으면서 동시에 정리할 줄 알아야 한다.

지식을 아는 것과 글로 쓰는 것은 전혀 다른 차원이다. 실제로 아이들을 만나 보면 머리로는 분명 이해를 하고, 암기를 했는데 글로 쓰라고 하면 제대로 쓰지 못하는 경우가 정말 많다. 이런 아이들은 골라잡기나 단답식 문제는 잘 풀지만, 서술형 문제는 알고도 틀린다.

생각을 글로 옮기는 능력은 설명을 듣고 바로 정리하는 능력과 동일하다. '생각 = 글'이 되도록 늘 연습이 필요하다.

정리하는 능력을 키우는 방법

먼저 스스로 정리하는 능력이 왜 중요한지를 부모가 아이에게 이해시켜야 한다. 자기 머리로 정리하는 것의 중요성, 지식을 글로 표현하는 능력의 필요성을 충분히 주지시켜서 정리가 중요하다는 인식을 갖게 해야 한다.

다음으로 학교나 학원 수업을 받고 오면 숙제나 점수를 점검하는 데만 신경 쓰지 말고, 수업 시에 들은 내용을 얼마나 깔끔하게 정리했는지를 확인한다. 아이들은 엄마가 관심을 기울이는 분야에 신경을 더 쓴다. 만약 정리는 하고 싶은데 어떻게 정리해야 하는지 모르겠다고 하면 정리를 잘하는 친구나 선배의 책과 노트를 빌려 보도록 해야 한다. 잘 정리된 내용을 보면서 어떤 방식으로 정리하는지 눈에 익혀야 한다.

집에서 듣고 정리하는 훈련도 실시하면 좋다. 텔레비전은 듣고 정리하는 훈련을 하는 데 유용한 도구다. 텔레비전에 나오는 뉴스나 시사 프로그램, 다큐 프로그램을 보고 정리를 해 본다. 들으면서 바로 정리하는 것이 좋다. 부모도 함께 정리해서 나중에 서로 견주어 보아야 한다. 뉴스가 어려우면 드라마나 예능 프로그램도 좋다. 실제로 해 보면 듣고 보면서 동시에 체계적으로 정리하는 것이 매우 어렵다는 것을 알게 된다. 듣고 정리하는 것도 꾸준한 연습이 필요하다.

채점 대비
:: 핵심어 파악 훈련

독도는 왜 우리 땅인가? 우리가 독도가 우리 땅임을 확실하게 입증하려면 어떻게 해야 하는가?

1905년 2월 22일, 일본 시마네현은 고시 40호를 통해 독도를 시마네현에 강제 포함시키는 조치를 취한다. 일본은 그 이전까지 독도가 아무도 거주하지 않는 섬이므로 국제법적으로 먼저 자기네 땅이라고 선포한 일본이 독도 지배권을 갖는다고 주장하고 있다. 따라서 국제법적으로 따지면 시마네현 고시가 있기 전에 독도가 우리 땅이었음을 입증하는 국제법적인 근거를 제시하면 된다. 실제로 1900년 대한제국은 황제 칙령 41호를 통해 울릉도와 독도 일원에 대한 행정력을 강화하는 조치를 취하면서, 독도가 명백한 우리 땅임을 선포한다.

만약 "독도가 우리 땅임을 증명하는데 가장 핵심이 되는 것은 무엇인가?"라는 서술형 문제가 나왔다고 해 보자. 그리고 어떤 학생이 답을 다음과 같이 썼다고 가정해 보자.

국제법적으로 확실히 우리 땅임을 입증할 방법을 찾는다.

이 답은 정답일까? 만약 배점이 8점이라면 몇 점이나 주어야 할까? 다음 설명을 읽기 전에 스스로 판단해 보기를 바란다.

핵심어 파악 훈련은 왜 필요한가?

언뜻 보기에는 맞은 답처럼 보이지만 거의 틀린 답이다. 왜냐하면 중요한 핵심어가 빠졌기 때문이다. 독도가 우리 땅임을 국제법적으로 입증하는 핵심은 바로 '1905년 시마네 현 고시 이전'이다. 서술형으로 답할 때 이것을 반드시 넣어야 한다. 이것이 있어야 정답이고, 이것이 없으면 오답이다.

서술형 시험을 채점하는 선생님은 '핵심어(핵심 개념)'가 있는지의 여부를 채점에서 가장 중요한 기준으로 삼는다. 그래서 앞에서 거론한 답변은 0점이거나, 받아 보아야 1~2점밖에 얻지 못한다. '핵심어(핵심 개념)'가 서술형 점수를 좌우하기 때문이다.

공부를 잘하는 아이들은 핵심어를 쉽게 글로 표현할 것 같지만 그렇지 않다. 이 책의 첫머리에서 소개한 민주도 핵심어를 제대로 쓰지 않아서 감점을 당했다. 핵심어를 정확히 이해했다는 것은 공부를 제대로 했다는 말이나 마찬가지다.

서술형 시험을 앞둔 아이들에게 서술형 채점의 핵심 열쇠는 '핵심어(핵심 개념)'임을 알려 주어야 한다. 그래야 서술형 답변을 작성할 때 주의를 기울이고, 공부할 때도 핵심어에 관심을 집중시킨다. 그리고 평상시 공부할 때 핵심어를 찾는 연습을 자꾸 시켜야 한다. 독해를 할 때, 글을 쓸 때도 핵심어에 주목하게 해야 한다. 그래야 실제 시험을 볼 때 '이것이 핵심어니까 놓치지 말아야지'하는 생각을 하고, 정확히 답변하는 능력이 길러진다.

핵심어 찾아내기 훈련법

핵심어를 찾아내는 훈련법은 다음과 같은 세 단계를 거친다.

첫째 단계, 교과서 설명을 읽을 때 '핵심어(핵심 개념)'가 무엇인지 표시하고 정리한다. 핵심은 다른 말로 하면 핵심 원리요, 개념이다. 공부할 때 '핵심'이 무엇인지 항상 생각하고 정리하는 습관이 들도록 지도해 주어야 한다.

둘째 단계, 서술형 문제를 풀 때 핵심어를 미리 표시하고 쓴다. 서술형 답변을 쓸 때는 미리 핵심어를 정하고, 핵심어를 중심으로 글을 쓰는 습관을 들여야 한다.

셋째 단계, 자신이 표시한 핵심어와 답지의 핵심어가 일치하는지를 확인한다. 이 과정을 반드시 거쳐야 한다. 그냥 비슷하게 썼으므로 맞았다고 채점하지 말고 핵심어와의 일치 여부, 아이가 핵심어를 정확히

인지했는지의 여부를 반드시 확인해야 한다. 때로는 답은 맞았는데 핵심어가 어긋나는 경우가 생기기도 한다. 이것은 알기는 하지만 핵심을 정확히 모르고 있는 것이므로 반드시 다시 공부를 해야 한다.

초등학생의 경우에 핵심어를 제대로 썼는지의 여부를 스스로 파악하는 것이 어려울 수 있다. 더욱이 서술형 능력이 떨어지는 학생들은 서술형 문제를 푼 후 답이 맞았는지 여부조차 확인하기 어려워하는 경우도 많다. 따라서 초기에는 서술형 시험 채점을 할 때 어머니, 아버지가 적절한 도움을 주는 것이 좋다.

코칭
10

서술형 완성
:: 교과서 요약하기

형주는 글을 쓰면 항상 무언가 빠진 듯했다. 특히 서술형 답변을 보면 대부분 핵심을 놓치고 엉뚱한 것을 써 놓기 일쑤였다. 모든 답변을 다 못하는 것은 아니다. 자신이 아는 문제의 답변은 아주 정확하게 쓰는 데 비해, 조금이라도 이해가 부족한 문제는 답변의 수준이 급격하게 떨어졌다. 원인은 핵심 파악 능력에 있었다. 문제의 핵심이 무엇인지, 글의 핵심이 무엇인지 이해하는 힘이 부족했다.

필자는 형주에게 날마다 조금씩 시간을 내어 주요 과목의 교과서를 요약해 보라고 권했다. 요약하기를 통해 핵심 파악 훈련을 해 보라는 의도였다. 형주는 성실한 학생이다. 역시 형주는 방학 때부터 꾸준히 요약 훈련을 했고, 5~6개월이 지나자 몰라보게 답변이 달라졌다. 이제는 웬만한 문제에 대한 답은 핵심에 어긋나지 않게 답변할 줄 알게 되었다.

교과서 요약 훈련은 왜 필요한가?

요약하기의 장점은 이루 말할 수 없이 많다.

첫째, 요약하기를 하면 이해력이 길러진다. 요약은 글을 이해해야 할 수 있다. 대합입시 논술에서 요약하기 문제가 많은 이유는 요약능력이 곧 이해 수준이기 때문이다. 요약을 자꾸 하면 이해력이 향상된다.

둘째, 요약하기를 하다 보면 글의 짜임새를 파악하는 능력이 길러진다. 요약을 잘하려면 글의 짜임새를 파악해야 한다. 글의 짜임새를 모르면 요약은 불가능하다. 요약 훈련을 꾸준히 해서 글의 짜임새를 파악하는 능력을 기르면 그 어떤 글도 자기만의 방식으로 분석하는 능력이 생긴다.

셋째, 요약하기를 통해 핵심을 파악하는 능력이 길러진다. 요약하기는 그 자체가 핵심 파악 훈련이다.

넷째, 요약하기를 하면 글쓰기 훈련이 된다. 요약하기도 글쓰기다. 무엇보다도 방대한 내용을 간단명료하게 쓰는 훈련이 된다. 서술형 시험은 짧은 문장 안에 핵심을 담는 문장을 쓰는 것이 관건이다. 요약 훈련이야말로 서술형 시험 답변을 제대로 하는 능력을 키우는 가장 좋은 방법이다.

다섯째, 요약하기는 논리력을 길러 준다. 요약을 하다 보면 글에 담긴 논리를 자기만의 방식으로 정리하게 되므로, 논리력이 길러지는 것은 당연하다.

특히 교과서를 요약하는 것이 좋다. 교과서를 요약하다 보면 지식도 습득하고, 이해력도 키울 수 있으며, 핵심도 파악할 수 있고, 글쓰기 훈련도 된다. 무엇보다 요약하는 과정에서 교과서 전체 내용을 하나의 흐름으로 이해하는 능력이 생긴다. 교과서는 아주 탄탄하게 짜여 있다. 교과서의 탄탄한 짜임새를 이해하면 교과서 내용을 다 이해한 것이나 마찬가지다. 교과서를 전체적으로 이해한 학생과 부분으로 이해한 학생의 수준이 크게 차이가 난다는 것은 물어보나 마나다.

요약 훈련을 하는 방법

요약을 하는 요령은 다음과 같다. 이 요령은 초등학생뿐만 아니라 대입논술에서도 동일하다.

첫째 단계, 핵심어를 찾는다. 모든 글에는 핵심어가 있다. 앞에서 핵심어가 서술형 시험에서 왜 중요한지, 핵심어 찾는 연습이 왜 필요한지를 설명했으므로 다시 거론하지는 않겠다.

둘째 단계, 핵심 개념을 찾는다. 글에는 하나의 단어로는 표현할 수 없는 개념이 담겨 있는 경우가 많다. 이때 찾아야 할 것이 핵심 개념이다. 핵심 개념은 몇 개의 단어로 이루어지거나 하나의 문장으로 이루어진다.

셋째 단계, 글 전체의 구성을 분석한다. 글이 어떤 흐름으로 이어지는지를 파악해야 한다. 구조를 확인해야 글을 온전히 이해할 수 있다. 그런데 이것이 참 어렵다. 구조를 이해하는 능력은 상당히 오랫동안 독해력을 기르고, 논리력을 키워야 한다. 구조 파악 능력이 형성되면 독해 능력을 완성했다고 보아도 된다.

넷째 단계, 글 전체의 구성을 기본으로 핵심어와 핵심 개념을 포함시켜서 요약한다. 흔히 요약을 하라고 하면 요약하는 대상의 글의 일부를 그대로 옮겨 적는 경우가 많은데, 이는 제대로 된 요약이 아니다. 요약은 글의 짜임에 맞게 자기 식으로 다시 쓰는 것이다. 따라서 기존 문장을 그대로 옮겨 적지 말고 자기 방식대로 적어야 한다. 자기 방식대로 적는다고 해도 '핵심어'와 '핵심 개념'은 반드시 포함시켜야 한다.

다섯째 단계, 요약하는 대상의 글과 요약한 글을 견주어 보면서 제대로 요약했는지를 확인해 본다. 글을 다시 읽은 후에도 결과가 비슷하다면 요약은 성공이다.

이것이 요약하는 방법이다. 이 방식을 계속해서 훈련을 하게 한다. 익숙하게 할 때까지 반복시킨다. 어느 정도 요약을 하는데 익숙해지면 주요 과목의 어려운 단원을 중심으로 요약하기를 시켜 본다. 요약하기는 자칫하면 매우 지루하기 쉽다. 따라서 아이가 부담스럽지 않게 감당할 만한 수준에서 실천하도록 한다.

아빠가 경험한 세상을 들려 주어라

글쓰기를 아빠가 지도하는 경우는 거의 없다. 지도하려고 마음 먹기도 쉽지 않다. '무엇을 해라', '무엇을 지도해라'하는 것은 아빠들에게 어울리지도 않는다. 아빠들에게 이런저런 주문을 해도 쉽지 않다. 그리고 아빠가 무언가 억지로 하려고 해도 아이들에게 크게 도움이 되지 않는다. 아빠들이 아이의 글쓰기 실력을 키우는 방법은 사실 매우 간단하다. 아빠가 사는 세상 이야기를 들려 주기만 하면 된다.

필자의 친구는 자기 아이를 자기가 일하는 현장에 자주 데려간다. 그는 자신이 하는 일을 아이에게 직접 보여 주고, 설명하고, 세상살이에 대해서 아이에게 많은 이야기를 해 준다. 그가 하는 이야기는 조금 어렵지만 아이는 진지하게 듣는다. 아빠가 자신을 사랑해서, 아끼는 마음에서 이야기해 준다는 것을 알기 때문이다. 그는 아이들을 자기가 일하는 곳에 자꾸 데려갈 뿐만 아니라, 집에 돌아오면 아이들에게 자기가 하는 일에 관한 이야기를 많이 한다. 옆에서 몇 번 지켜보았는데 의도적으로 자기가 하는 일을 많이 이야기하는 느낌이 들었다. 친구에게 물어보니 맞다고 했다. 아이들에게는 아빠가 어떻게 돈을 벌고, 어떤 고민을 하며, 세상이 어떤지를 자꾸 들려 주는 것이 좋다고 말했다. 필자도 동의했다.

그러고 보면 아빠가 아이들에게 해 주어야 할 일은 거창한 것이 아니다. 그저 자기 이야기를 많이 하면 된다. 아이에게 아빠로서 사는 삶을 들려 주면 된다. 술 먹고 다른 사람에게 고민 털어 놓지 말고, 자식에게 아빠의 솔직한 모습을 보여 주자.

아이는 아빠의 이야기 속에서 사랑도 느끼고, 글쓰기 실력도 향상된다. 앞에서도 여러 번 강조했지만 어휘력이 상당한 수준에 도달한다. 배경지식도 늘어서 글 쓰는 힘도 강해진다. 세상을 알아야 글쓰기도 잘한다. 세상 물정을 모르면 글쓰기도 잘하지 못한다.

단지 글쓰기 실력을 기르기 위해서만 아이에게 이것저것 말을 해야 하는 것은 아니다. 아이에게 아빠 이야기를 많이 들려 주어야 하는 가장 중요한 이유는 아이가 아빠 이야기를 들으면서 세상을 대하는 힘을 기르기 때문이다. 아빠를 통해 세상을 배우고, 아빠를 통해 미래를 그리며, 아빠를 통해 삶에 대해 고민을 한다.
아이에게 아빠 이야기를 들려 주자. 별로 어려운 일도 아니지 않는가? 필자는 그것으로 아빠 역할의 50%는 충분히 한 것이라고 믿는다.

 **Part 04**

공부란 결국 '시간 보내기'다. 누구에게나 주어진 똑같은 시간을

어떻게 보내느냐가 공부의 결과를 결정한다. 효율적으로 공부한 아이가

그렇지 못한 아이보다 성적이 높게 나오는 것은 당연하다. 하루의 시간,

일주일의 시간, 한 학기의 시간, 일 년의 시간을 관리하는 능력이

소위 요즘 말하는 자기주도학습 능력이다. 서술형 시험과 골라잡기,

단답식 시험의 시간 관리법은 다른 점이 많다. 서술형 시험을 준비할 때는

서술형 시험에 맞는 시간 관리법이 필요하다.

서술형
공부습관을
만드는
시간 코칭

아침 10분
:: 몸과 마음을 깨우기

　　하루 하루가 모여 일생이 된다. 하루를 잘 보내는 사람이 일생도 잘 보낸다. 오늘 하루를 즐겁고 행복하게 보내면 이것이 모여 즐겁고 행복한 인생이 된다. 아침은 하루의 시작이다. 시작이 반이라고 했다. 아침을 어떻게 시작하느냐에 따라 하루가 달라지므로, 결국 아침이 인생의 행복을 결정한다.

　　아침은 활기차야 하는데, 대부분의 아이들은 무기력하게 아침을 맞이한다. 밤 늦게까지 공부하느라 아침에 일어나기가 힘들다. 또다시 하루를 힘든 공부, 숙제와 씨름을 해야 한다고 생각하니 편안한 잠자리에서 벗어나기가 싫다. 오늘도 즐거운 하루가 될 것이라 생각하면 번쩍 눈이 떠지는데, 힘겨운 하루가 될 것이라는 생각을 하니 눈을 뜨기가 싫은 것이다.

감사한 마음으로 일어나자

잠이 드는 것은 죽는 것과 같다. 잠은 모든 의식이 사라지고 죽음과 같은 상태로 들어간다. 죽음은 영원히 깨어나지 못하는 잠이다. 아침에 잠에서 깨어났다는 것은 내가 다시 살아난 것이다. 다시 살아났으니 얼마나 기쁜가? 그러니 아침에 눈을 뜨면 곧바로 '감사'하는 마음을 가져야 한다. 다시 말해서 내 의식이 다시 깨어나고, 내 숨이 건강하고, 가족과 친구가 모두 건강하게 아침을 맞았다는 사실에 고마워하는 마음을 지녀야 하는 것이다. 감사는 행복을 선물한다. 아침이면 자신부터 "감사합니다."라는 말을 하며 일어나자. 아이들에게도 감사하다는 말을 하면서 일어나라고 이야기하자. 감사가 왜 중요한지, 감사하는 마음이 얼마나 사람을 행복하게 하는지 이야기해 주자. 감사는 행복을 선물하는 가장 좋은 방법이요, 하루를 신나게 출발하게 하는 마법의 묘약이다.

간단한 스트레칭으로 몸을 깨우자

일어나자마자 부스스하게, 어깨 축 늘어뜨리고 움직이면 마음도 축 처진다. 몸이 깨어나야 마음도 깨어난다. 몸이 활기차게 움직여야 마음도 활기차게 움직인다. 일어나자마자 몸을 쭉 뻗자. 목도 움직이고, 다리도 폈다 오므렸다 하자. 허리도 돌려 보고, 등배 운동도 하자. 간단한 요가 동작도 해 보자. 2~3번 정도 스트레칭을 하면 몸이 깨어나고, 덩

달아 마음도 깨어난다. 침대에서 혼자 몸을 푸는 것도 좋지만, 가족이 함께 거실에서 가볍게 체조를 해도 좋다.

하루를 그려 보라

오늘 하루 나는 어떻게 보낼까? 무엇을 하며 보낼까? 내가 만날 사람은 누구이며, 오늘 나는 무슨 일을 해야 하는가? 스스로의 삶을 스스로 계획하고, 준비하는 마음이야말로 자기 삶의 주인으로 사는 사람의 태도이다. 자기주도학습이란 자기 삶의 주인이 되는 것이다. 서술형 시험도 마찬가지다. 생각을 정리하고, 문제를 해석하고, 글로 표현하는 행위는 모두 자기 스스로 해야 한다. 서술형 시험 능력은 절대로 다른 사람이 길러 주지 못한다. 오직 자기 힘으로만 키워야 한다. 하루를 스스로 준비하고, 계획하는 마음이야말로 자기주도학습, 서술형 시험 능력을 키우는 첫 번째 조건이다. 아이가 아침마다 하루를 그려 보도록 하자.

머리를 깨워라

공부는 구체적인 계획 속에서 맞이해야 한다. 그냥 준비 없이 맞이하는 공부보다 오늘 하루 이러저러한 공부를 할 것이라는 준비를 하고 공부에 임할 때 훨씬 효과적인 공부를 할 수 있다. 오늘의 수업은 무엇이며, 숙제가 무엇이고, 어떤 선생님을 만나고, 학원에서 무엇을 배우며, 학원에서 내 준 숙제는 무엇인지 그려 보아야 한다. 준비한 만큼 얻는다.

하루를 그려 보았으면 가볍게 신문이나 책을 읽는다. 활자로 된 글을 읽으면 머리가 깨어난다. 가벼운 글을 읽으면서 밤새 잠들었던 뇌를 깨어나게 해 보자. 가볍게 읽을 만한 영어책을 선택해도 좋다. 즐겁고 상쾌한 활자로 머리가 깨어나게 하자.

아이를 꼭 안아 주어라

아침은 첫 만남이다. 아이를 반가운 마음으로 맞이하자. 행복한 표정으로, 다시 깨어나 행복한 하루를 보낼 수 있게 됨에 감사하자. 사랑하는 아이에게 사랑을 표현하자. 감사한 마음, 상쾌한 몸, 맑은 머리로 아이를 만나자.

"사랑해"라고 말하면서 꼭 껴안아 주자. 아침을 사랑으로 시작하면 하루가 사랑으로 충만하고, 일생이 사랑으로 가득 찬다. 사랑은 인생의 목적이다.

하루 15분
:: 글쓰기 능력 기르기

초등학교 4학년인 현민이는 밤마다 글을 쓴다. 현민이 글쓰기 노트는 문구점에 가서 가장 마음에 드는 것을 현민이가 직접 골랐다. 필기구도 여러 종류이다. 대부분 가격이 비싼 편이다. 하지만 엄마는 기쁜 마음으로 사 주었다.

날마다 솔직한 이야기 쓰기 5분

현민이는 가만히 앉아서 무엇을 쓸까 고민한다. 현민이는 오늘 학교에 숙제를 안 해 가서 선생님께 야단맞은 기억이 떠올랐다. 현민이는 휴대전화로 스톱워치를 선택한 다음 출발 버튼을 눌렀다. 현민이가 정한 시간은 5분. 5분 동안 현민이는 거침없이 글을 썼다. 그냥 연필이 가는 대로 마음이 가는대로 솔직한 이야기를 썼다.

어제 학원에서 돌아왔는데 엄마가 숙제를 했느냐고 물으셨다. 나는 방송되고 있는 인기 있는 드라마를 보아야 한다는 생각에 "없어요." 라고 거짓말을 하고 말았다. 사실은 엄청나게 숙제가 많았는데도 말이다. 덕분에 나는 느긋하게 드라마를 즐겼다. 드라마를 시청하고 나니 숙제할 시간이 부족했다. 독서에 글쓰기까지 하고 나니 잠 잘 시간이 곧 돌아왔다. 숙제를 하려고 책상에 앉았지만 빨리 자라는 엄마 말씀에 뭐라고 할 수가 없었다. 숙제도 없는데 늦게까지 앉아 있을 수는 없었기 때문이다. 결국 나는 숙제를 못했고, 오늘 선생님께 엄청 꾸중을 들었다. 거짓말이 순간은 편할 수 있지만 결국 내게 피해가 된다는 것을 알았다. 거짓말이 하고 싶을 때면 항상 이 일을 기억해야 겠다.

글을 다 쓴 뒤에는 소리 내어 읽어 본다. 그런 다음, 마음에 안 드는 부분을 고친다. 현민이가 글을 다 쓰자 엄마가 읽는다. 엄마는 현민이가 쓴 글을 읽고는 싱긋 웃으신다. 그러고는 답글을 단다.

아들, 거짓말을 하지 말아야 한다는 것을 몸소 깨달았구나. 숨기고 싶은 일이었을 텐데 용기 있게 솔직하게 쓰다니 대견하다.

현민이는 엄마가 써 준 답 글을 보고 환하게 웃는다. '대견하다'는 엄마 말씀에 가슴이 뿌듯했기 때문이다. 엄마는 답글을 달 때 이것저것 고치라거나, 야단을 치거나 하지 않는다. 늘 자기 마음을 알아주고, 자기를 격려해 준다. 그래서 현민이는 다른 아이들과 달리 엄마에게 자기가 쓴 글을 적극적으로 보여 주고, 엄마가 답글을 달아주는 것을 기다린다.

현민이는 예전에는 이런 글을 쓰지 않았다. 그냥 뻔한 글만 썼다. 아마 예전이었다면 이렇게 썼을 것이다.

거짓말을 하지 말아야 한다. 거짓말은 나쁘다. 내가 거짓말을 해서 다른 사람이 속으면 그 사람도 속상하고 괴롭다. 언젠가 그 거짓말 때문에 내가 피해를 당할 수도 있다. 그러니 거짓말은 하면 안 된다.

현민이는 날마다 글을 쓴다. 그리고 솔직하게 쓴다. 솔직하게 글을 쓰는 것이 얼마나 좋은 것인지를 안다. 현민이는 자기와 먼 이야기보다는 자기 가까이에서 일어나는 일들을 쓰려고 노력한다. 자신이 겪고, 보고, 느끼고, 직접 들은 이야기를 글에 담는다.

베껴 쓰기 10분

날마다 쓰기를 하고 나면 현민이는 또 다른 노트를 꺼낸다. 베껴 쓰기 노트다. 시간은 10분. 요즘 베껴 쓰고 있는 것은 수학이다. 풀이 과정을 정확하게 쓰기 위함이다. 풀이 과정 하나하나를새기면서 베껴 쓰기를 한다. 다음에는 영어를 할 생각이다. 10분 동안 베껴 쓰기를 꼼꼼하게 한 뒤에 천천히 읽어본다. 현민이는 하루도 거르지 않고 글쓰기 연습을 한다.

늘 글을 친근하게 여기게 하라

현민이는 초등학교 3학년 초까지만 해도 글을 멀리했다. 글자도 빨리 떼지 못했던 탓에 글쓰기가 익숙하지 않았다. 누나는 유치원 때부터 글을 잘 썼다는데 자기는 바보라고 생각했다. 그래서 엄마가 특별히 현민이를 위한 글쓰기 프로젝트를 진행했다.

가장 먼저 한 것이 '날마다 쓰기'였다. 독서시간이 끝난 뒤에 날마다 엄마와 함께 글을 썼다. 그리고 부족한 문장력을 키우기 위해 베껴 쓰기를 했다. 좋은 문장을 기억하기 위한 노력도 기울였다. 어디에서든 좋은 문장을 접하면 작은 노트에 옮겨 적었다. 좋은 문장 열 개에 스티커 하나가 주어졌고, 스티커 10개를 모으면 좋아하는 만화책 한 권을 엄마가 사주셨다. 그래서 더 열심히 문장을 기록하고, 기억하려고 애썼다.

글쓰기가 익숙해지자 수업 시간에 선생님 말씀을 들으며 곧바로 정리하는 능력이 생겼다. 예전에는 글도 느리고, 선생님이 말씀하셔도 잘 이해를 못했는데, 글쓰기를 날마다 하다 보니 이해력도 길러졌다. 현민이는 선생님 설명을 들으면서, 중요한 부분에 반드시 표시를 한다. 선생님이 강조한 것뿐만 아니라 자신이 중요하다고 여기는 부분에 중요 표시를 한다. 이렇게 핵심을 표시해 두면 나중에 공부하기가 훨씬 편하다.

   늘 글을 가까이 하다 보니 어느새 글쓰기가 좋아졌다. 현민이는 서술형 시험이 확대 실시되고, 난이도가 높게 나온다고 해도 두렵지 않다. 현민이는 오히려 서술형 시험이 더 반갑다.

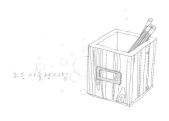

코칭
03

하루 20분
:: 가족 독서 시간

저녁 9시!

현민이는 로알드 달의 ≪무섭고 징그럽고 끔직한 동물들≫을 꺼내온다. 학원 숙제가 조금 남아 있기는 했지만, 책상에 그대로 둔 채 거실로 나온다. 중학교 1학년인 현아도 자기 방에서 나온다. 시험 기간이라 정신이 없지만 잠시 공부를 멈추고 ≪빨간머리 앤≫을 들고 나온다. 엄마도 텔레비전을 끄고 집안 살림도 미루고 ≪아이의 손을 놓지 마라≫는 책을 꺼내서 거실에 앉는다. 아빠도 책을 선택한다. 아빠는 공대 출신이라 평생 철학이나 문학, 사회학 책은 가까이 하지 않았는데 요즘은 중국 고전에 빠져 있다. 오늘은 ≪도덕경≫을 해설한 책을 읽을 예정이다.

거실에 모여 앉은 가족들은 아무 소리 없이 그저 책을 읽는다. 아빠는 양반 다리로 앉아서 읽고, 엄마는 한쪽 무릎을 괴고 읽는다. 현아는 소파에 기대어 앉은 채 한손에 사과를 들고 책을 읽고, 현민이는 거실 바닥에서 뒹굴며 책을 읽는다. 자세는 제각각이지만 자신들이 보고 싶은 책을 읽고 있기 때문인지 모두들 책읽기에 여념이 없다. 책장 넘기는 소리와 책을 만나는 기쁨만이 넘친다.

9시 20분!
모두 책읽기를 멈추고 탁자 주위에 모여 앉는다.

"도라고 말할 수 있는 도는 도가 아니라고 노자가 말했어. 생각해 보면 우리는 참 말을 앞세워. 선거 때만 되면 참 이런저런 말들이 많이 쏟아지는데 그 말들이 시간이 지나면 빈말이 되는 경우가 많아. 언행일치라는 말이 있어. 항상 말과 행동을 일치시키려고 노력해야 해."

아빠가 책을 읽으며 들었던 생각을 이야기한다. 가만히 듣던 현아도 말한다.

"빨간 머리 앤은 정말 말이 많아요. 그런데 말이 많아도 앤의 말은 빈말이라는 생각이 안 들어요. 앤은 진심을 담아서 말해요. 전 말을 많이 하는 것이 문제가 아니라 진실한 말을 하지 않는 것이 문제라고 생각해요."

엄마는 그저 듣기만 하고 읽고 있는 책 이야기는 하지 않는다. 하지만 마음으로는 정말 많은 생각을 한다. 현민이도 신이 나서 희한한 동물 그림을 보여 준다.

"이것 보세요. 정말 끔찍하죠?"
"와, 정말! 무섭고 끔직하다."
"이 사람은 어쩌면 이런 상상을 잘하는지……."

5분 정도 대화를 한다. 그리고 가족 독서 시간을 마무리한다. 현아는 다시 시험공부를 하기 위해 방으로 들어가고, 현민이는 글쓰기 연습을 계속 한다. 아빠는 보던 책을 계속 보고, 엄마는 현민이 글쓰기 지도를 한다.

가족 독서 시간이 진짜 실력을 키운다

어릴 때는 제법 책을 많이 읽던 현민이와 현아는 학년이 올라가자 책과 멀어졌다. 특히, 현아는 학원 숙제와 학교 공부에 쫓겨 거의 책을 보지 않았다. 평소 책읽기를 강조했던 현아 엄마는 걱정을 했다. 어떻게든 책과 가까이 지내게 하고 싶은데 아이들은 점점 책과 멀어졌다. 어느 날 아빠와 의논 끝에 현아 엄마는 가족 독서 시간을 만들기로 했다. 그 시간만은 다른 것은 일절 하지 않고 오직 책만 읽기로 했다. 특별한 일이 아니면 아빠도 가족 독서 시간 전에는 집에 들어오기로 했다. 처음에는 잘 지켜지지 않는 경우가 많았다. 학교 숙제, 시험, 회식 등을 이유로 자

꾸 피하려고만 했다. 그래도 현아 엄마는 꿋꿋하게 시간을 지킬 것을
요구했고, 몇 주 정도 시행착오를 거친 끝에 가족 독서 시간은 안정적
으로 자리 잡았다.

그 뒤부터 현아나 현민이는 늘 책을 가까이 한다. 시험이 있든, 숙제
가 많든 상관하지 않는다. 심지어 다음 날이 시험이어도 둘은 책을 읽
는다. 현아 아빠도 가족 독서 시간을 지키기 위해서 노력하면서 오랫동
안 술을 먹지 않게 되었다. 술자리가 있어도 빨리 끝내고 오려고 했다.
어쩔 수 없는 경우에는 불참한 대가로 식구들에게 맛있는 것을 사 주
셨다. 맛있는 것을 먹는 기쁨도 크지만, 현아와 현민이는 먹을 것보다
아빠와 함께 책 읽는 시간이 더 좋다. 가족이 모두 한 자리에서 책을 읽
으니 새록새록 정도 솟아나고, 행복한 기분이 들기 때문이다.

책은 날마다 읽어야 한다. 늘 책을 가까이 해야 한다. 서술형 시험을
잘 보려면 책을 가까이 해야 한다. 서술형 시험 때문만은 아니다. 책은
공부의 바다이다. 책을 읽지 않고 공부를 잘하기를 바라는 것은, 모래
위에 지은 성이 튼튼하기를 바라는 것과 같다. 그런데 아이들한테 책을
날마다 읽으라고 하면 잘 안 읽는다. 습관이 들게 하기가 어렵다. 그래
서 책을 함께 읽어야 한다. 함께 책을 읽으면 분위기에 이끌려 아이들도
자연스럽게 책을 붙잡게 된다.

가족이 모두 함께 모여 책을 읽는 시간을 마련해 보자. 긴 시간도 필
요 없다. 하루 20분이면 충분하다. 물론 더 읽고 싶다면 더 읽어도 좋
다. 책을 꾸준히 많이 읽은 아이가 공부를 잘하는 것은 누구나 다 아는
사실이다. 서술형 시험이야 두말할 나위가 없다.

하루 1시간
:: 혼자 공부하기

코칭
04

혼자 공부하는 시간은 성적에 얼마나 영향을 미칠까? 2005년 11월 28일 한국직업능력개발원은 수험생이 혼자 공부하는 시간이 많을수록 과목별 수능 점수의 평균이 높았다는 연구 결과를 발표했다. 언어, 수리, 외국어 영역에서 스스로 학습하는 시간이 1주일에 3시간 미만인 학생들의 수능 표준점수 평균은 80점대에 그쳤고, 3~15시간인 학생들은 90점대였다. 반면, 혼자 학습하는 시간이 15시간을 넘는 학생들은 100점 이상으로 높은 점수를 받았다고 한다. 2,300명 정도되는 학생을 대상으로 조사를 했으므로 신뢰도가 높다고 할 수 있다.

그로부터 6년이 지난 2011년 3월 28일에 한국개발연구원(KDI)이 발표한 연구 결과도 이와 동일하다. KDI는 2007년 국가수준 학업성취도평가 자료를 바탕으로 초등학교 6학년, 중학교 3학년, 고등학교 1학년

등 세 그룹의 사교육 시간 증가에 따른 성적 변화를 분석했다. 그 결과 초등학생은 하위권 학생이 하루 2~3시간의 사교육을 받으면 중위권에서 전혀 사교육을 하지 않은 학생과 비슷해지며, 중위권은 1시간 정도의 사교육으로 상위권에서 사교육을 받지 않는 학생과 성적이 비슷해졌다. 반면에 중학생은 하위권(중위권) 학생이 하루 1~2시간의 사교육으로 사교육을 전혀 받지 않는 중위권(상위권) 학생에 근접한 성적을 얻는 것으로 나타났지만, 하루 2시간을 넘어서는 사교육은 추가적인 성적 향상 효과가 미미했다. 고등학교 1학년도 하루 1시간 미만의 사교육이 갖는 성적 향상 효과는 상대적으로 큰 편이었지만 2시간 이상의 사교육은 성적 향상에 거의 기여하지 못했다.

이렇듯 사교육의 효과는 제한적이며, 자기 스스로 공부하는 시간이 성적을 결정한다.

서술형 시험은 사교육 효과를 더욱 줄일 것

KDI 연구에서는 초등학생의 경우 사교육 효과가 제법 큰 것으로 나타났다. 그러나 이는 초등학교의 특성 때문인 것으로 보인다. 초등학교 학습량은 중·고등학교에 비해 그리 많지 않다. 따라서 학원에서 집중적으로 암기시키고, 문제 풀이를 시키면 성적은 당연히 올라간다. 반면에 중학교, 고등학교는 공부의 수준이 높아지고, 양이 많아지면서 사교육 효과가 그리 크지 않다.

그런데 초등학교 시기의 사교육 효과도 서술형 시험으로 바뀌면서 중·고등학교 수준으로 크게 떨어지게 될 것이다. 왜냐하면 서술형 시험은 골라잡기나 단순암기만으로는 절대로 해결하지 못하기 때문이다. 독해력, 자료 해석 능력, 표현 능력, 제시된 조건 수행 능력 등은 사교육을 받는다고 해서 길러지는 것이 아니다. 자기 힘으로 문제를 해결할 능력이 없는 아이는 서술형 시험에서 크나큰 실패를 경험할 수밖에 없다.

추후 KDI 등에서 서술형 시험의 효과를 분석하면 사교육이 미치는 효과는 골라잡기, 단순암기식 시험보다 더욱 떨어지고, 자기주도학습 능력은 더욱 큰 영향을 끼친다고 드러날 것이다.

공부는 자기와 하는 싸움이다

아이를 학원에 보내면 많은 숙제를 내 준다. 왜 그토록 많은 숙제를 내 주는 것일까? 그 이유는 숙제를 하면서 공부를 하라는 뜻이다. 따지고 보면 학원도 학원 공부를 통해 실력이 향상되지 않는다는 것을 인정한다. 오직 숙제, 곧 자기 스스로 문제를 붙잡고 씨름하는 시간이 있어야만 성적이 향상된다는 것을 알기 때문에 숙제를 많이 내 주는 것이다. 물론 문제 풀이를 많이 시켜서 절대적인 양을 늘리는 방식으로 성적을 향상시키려는 의도도 있다.

숙제는 타율적인 공부다. 아이들은 숙제를 할 때 어쩔 수 없이 떠밀려서 한다는 기분이 든다. 숙제를 억지로 하기 때문에 공부가 잘될 리 없다. 공부는 자기 머리로 해야 한다. 암기도 자기가 하는 것이고, 이해도 자기가 하는 것이다. 잘 외워지지 않을 때, 이해가 되지 않을 때 약간 도와주는 사람이 교사이고, 학원 선생님이다. 공부는 자기와의 싸움이며, 다른 사람은 오직 보조 역할을 할 뿐이다.

하루 1시간, 자기만의 시간이 필요하다

요즘 아이들은 너무 여유가 없다. 숙제와 학원에 너무 쫓긴다. 여유가 없으면 자기 공부를 할 시간이 없다. 아이들에게는 숨 쉴 여유가 필요하다. 최소 하루 1시간, 자기만의 공부를 할 시간이 필요하다. 여기서 혼자 공부하는 시간이라 함은 숙제하는 시간을 말하지 않는다. 숙제는 타율적으로 강제된 시간이다. 자기만의 공부 시간이란, 자신이 무엇을 할 것인지를 결정하고, 공부 방법도 스스로 결정하는 것을 말한다. 그것이 무엇이 되었든 오직 처음부터 끝까지 자기가 계획하고 결정하고 책임을 져야 하는 것이다.

따라서 숙제를 너무 많이 내 주는 학원은 가능하면 다니지 않는 것이 좋다. 학교 숙제도 지나치게 많으면 학교운영위원회 등을 통해 아이들이 스스로 공부할 시간을 빼앗지 않는 선에서 숙제를 내 줄 것을 요구해야 한다.

혼자 공부하는 시간을 보내라고 하면 아이들은 처음에 어쩔 줄 몰라 한다. 따라서 초기에는 엄마가 옆에서 길잡이 역할을 해 주는 것이 좋다. 오늘 공부한 내용을 정리하거나, 자신이 부족하다고 여기는 것을 보완하거나 정말 알고 싶은 내용이 있으면 스스로 탐구하도록 하는 것도 좋다. 무엇을 하든 상관없다. 중요한 것은 스스로 결정하고, 스스로 하는 것이다.

　자기 공부를 할 줄 아는 학생들이 중·고등학교에서 성적이 좋은 것은 당연하다. 공부는 내가 하는 것이다. 아무리 훌륭한 선생도 스스로 공부하지 않는 학생의 점수를 끌어올리지 못한다. 말을 물가에 끌고 갈 수는 있지만, 물을 마시는 것은 결국 말이기 때문이다.

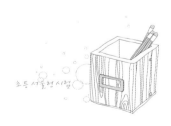

하루 1회
:: 가족 대화 시간

　대화는 사랑이다. 대화는 교감이다. 대화는 서로의 삶을 풍요롭게 하는 나눔의 장이다. 가족 사이의 대화는 가족이 존재하는 이유가 무엇인지 분명하게 보여 준다. 대화 없는 가족은 가족이 아니다. 가족의 사랑은 대화 속에서 피어난다. 잔소리와 저항, 협박과 무관심이 지배하는 말은 대화가 아니다. 잔소리가 아니라 대화를, 요구와 반응이 아니라 대화를 해야 한다.

대화가 진짜 공부다

대화는 단순히 가족의 사랑을 확인하고, 키우는 역할만 하지 않는다. 대화는 명백한 공부다. 예부터 우리 조상들은 밥상머리 교육이라고 하여 식사 시간에 웃어른이 아이들을 가르치는 것을 매우 중요하게 여겼다. 간단한 식사 예절에서 시작하여, 삶과 인생의 지혜를 밥상머리에서 가르치고 배웠다. 밥상머리에서 예절을 갖출 줄 아는 아이는 어디를 가든 예의 바르게 행동한다. 먹고 싶은 것이 있어도, 배가 고파도 다른 사람을 위해 참고 양보하는 마음, 빨리 먹고 싶지만 꾹 참으며 예의 바르게 행동하는 마음은 아이들이 일생을 통해 반드시 습득해야 하는 자세다.

밥상머리 교육은 단순한 예절 교육에만 머물지 않는다. 밥상머리에서 나누는 대화는 어휘력을 키우고, 사회적 지식을 배양하며, 듣고 말하는 능력도 길러 준다. 어른과 대화를 잘하는 아이들은 어디 가서든 예의 바르고 당당하게 말한다. 어른과 진지하게 토론할 줄 아는 아이는 생각의 힘도 강하고, 논리력도 뛰어나다. 그러므로 아이가 공부를 잘하기를 바란다면 학원을 하나 더 보내는 것이 아니라, 아이와 편안하면서도 진지하고 수준 높은 대화를 자주 나누는 것이 좋다. 어른과 나누는 대화는 가장 좋은 배움의 방법이다. 대화야말로 진짜 공부다.

고정된 대화 시간을 정하라

기회가 날 때마다 하겠다는 것은 안 하겠다는 것과 마찬가지다. 이런 저런 사정이 생기면 자꾸 미루게 되고, 미루다 보면 안 하게 된다.

석민이 아버지는 어떤 일이 있어도 가족과 함께 아침을 먹는다. 그 전날 아무리 늦게까지 술을 먹어도 아침에 반드시 일어나서 아이와 이야기를 나눈다. 모두들 자리에 앉아서 행복하고 즐겁게 대화를 즐긴다.

현민이네는 밤에 가족끼리 책을 읽고 난 뒤에 함께 모여 대화를 나눈다. 차를 마시기도 하고, 가볍게 과일을 먹기도 한다. 이야기를 나누는 시간은 늘 정해져 있다. 가족끼리 오붓하게 모여 사랑을 나누고, 감정을 나눈다.

아침이든 저녁이든 가족들이 한꺼번에 모일 가장 좋은 시간을 선택해야 한다. 일주일 내내 하는 것이 좋겠지만 현실적으로 힘들다면 최소한 5일은 가족 대화시간을 정해서 지키는 것이 좋다. 부모가 이렇게 고생하고 힘겹게 일하는 것은 모두 가족끼리 행복하게 살기 위함이다. 열심히 일해서 얻으려는 행복은 멀리 있지 않다. 오늘 하루, 단 몇 분이라도 가족끼리 오붓하게 모여 행복하게 서로를 마주보면서 대화를 해 보자.

아이들이 적극적으로 발언하게 하라

앞서서 아이들이 자신이 아는 지식을 자꾸 말하는 것이 얼마나 중요한지에 대해 언급했다. 가족 대화 시간은 아이들이 자기 지식을 자랑할 절호의 기회다. 어머니, 아버지도 자신의 직업과 지식에 대해 이야기하고, 아이들에게도 기회를 제공해야 한다. 지식을 자랑하는 데 재미를 붙인 아이들은 더 열심히 공부하고, 더 열심히 말하려고 한다. 자기가 아는 지식을 어른들 앞에서 말할 정도가 되면 그와 관련된 것이 어떤 형태의 시험으로 나오든 전부 답할 수 있다. 어머니, 아버지께 설명까지 한 내용이 시험에 나왔는데 못 맞추는 아이가 있겠는가? 지식은 말할수록 자기 것이 된다. 지식은 표현할수록 깊어진다.

쉬는 시간 $\frac{1}{2}$
:: 복습과 예습에 투자하기

　많은 아이들이 쉬는 시간에 노는 재미에 빠져 학교에 간다. 아마 쉬는 시간이 없이 공부만 한다면 학교에 가기 싫다고 생떼를 쓰는 아이들이 늘어날 것이다. 사람은 쉬지 않으면 집중하지 못한다. 적당히 공부했으면 적당히 쉬어야 한다. 초등학생은 40분 공부에 10분 휴식, 중학생은 45분 공부에 10분 휴식, 고등학생은 50분 공부에 10분 휴식이 필요하다. 그 이상 계속 공부하면 집중력이 현저하게 떨어져 공부한 효과가 별로 나타나지 않는다.

　그런데 여기에는 숨겨진 비밀이 있다. 사실 대다수 아이들은 40분도 집중하지 못한다. 웬만한 아이들은 10분도 집중하지 못한다. 10분이 짧은 것 같지만 10분은 고도의 집중력을 유지하는 데 있어 매우 긴 시간이다. 자녀에게 간단한 테스트를 해 보면 10분이라는 시간이 얼마나 긴 시간인지 금방 확인할 수 있다.

자녀가 공부하는 내용 중에서 가장 어렵고, 힘든 문제를 하나 선정한다. 좋아하는 과목 말고 어려워하거나 조금 싫어하는 과목의 문제여야 한다. 그 문제를 집중해서 풀어 보라고 한다. 문제를 읽은 뒤 고민을 시작할 때부터 시간을 잰다. 다른 행동을 전혀 하지 않고 문제 풀이에만 매달려 몇 분이나 버티는지 지켜본다. 자녀가 공부를 잘하는 학생이라면 10분을 넘기겠지만 평범한 학생이라면 대부분 10분은커녕 5분을 넘기기도 어려워 할 것이다.

공부 잘하는 능력은 IQ보다 집중하는 시간과 더 관련이 깊다. 오래 집중할 줄 아는 아이가 공부도 잘한다.

수업 시작 전 3분, 수업 준비를 하라

쉬는 시간은 반드시 필요하다. 머리도 쉬어야 하기 때문이다. 그러나 대부분의 학생들처럼 쉬는 시간 10분을 오로지 노는 데만 집중하면 이어지는 수업 시간을 효과적으로 보내는 데 방해가 된다. 다음 수업을 시작하기 3분 전에는 다음 수업을 준비해야 한다. 이는 단순한 준비가 아니다. 집중을 위한 준비이다.

서술형 시험은 최소 문제로 학습 도달 수준을 달성했는지 확인해야 한다. 따라서 문항 수가 적으며, 문항 수가 적기 때문에 나오는 문제는 단원의 핵심과 관련이 깊다. 그리고 선생님들은 기본적으로 단원에서 가장 중요한 부분을 강조해서 가르친다. 결국 수업 시간에 선생님이 강조한 내용이 서술형 시험이다. 골라잡기나 단답식 시험은 문항수가 많기 때문에 교과서 구석구석에서 내기도 하고, 강조하지 않은 부분에서 내기도 하지만 서술형 시험은 그렇게 하지 못한다. [이와 관련된 자세한 내용은 《전교 1등을 만드는 서술형시험공부법》(상상채널, 박기복 저)을 참고하기 바란다.]

앞서 이야기했듯이 아이들은 10분도 집중하기 어려워한다. 수업 시간이 40분인데 10분도 집중하지 못하면 심각한 것 같지만, 사실 수업 시간 40분 내내 집중하지 않아도 된다. 전체를 다 집중하면 좋겠지만 현실적으로 그게 불가능한 상황에서 중요한 내용을 가르치는 순간에만 집중해도 충분하다.

그런데 수업 시간에 중요한 부분을 바로 판단하기는 쉽지 않다. 그래서 수업 시작 전 3분 동안 수업 준비가 필요하다. 다음 시간에 공부할 내용이 무엇인지, 가장 핵심적인 목표가 무엇인지, 선생님이 강조할 부분이 무엇인지 짐작해 보는 것이다. 공부할 내용을 전체적으로 그려 놓고 수업에 임하면 선생님의 수업을 따라가기가 편하다. 중요한 부분이 무엇인지도 쉽게 파악할 수 있다. 그래서 집중할 때 집중하고, 이완될 때는 조금 느슨할 수 있다.

아이에게 수업 전에 항상 교과서를 펴고 수업할 내용을 살펴보도록 해야 한다. 수업 전 3분이 수업에 임하는 태도를 바꾸고, 수업의 집중도를 결정한다.

수업 후 2분, 수업 내용을 정리하라

기억하는 양은 시간이 지날수록 무조건 줄어든다. 사교육을 아무리 많이 받아도, 좋은 과외 선생님과 아무리 많은 공부를 해도 성적 향상에 한계가 있는 것은 기억하는 양이 시간이 지날수록 줄어들기 때문이다.

기억을 오래 끌고 가는 유일한 방법은 복습밖에 없다. 그것도 최대한 근접한 시간에 복습을 해야 한다. 수업 끝나고 2분, 그 2분은 수업을 받은 기억이 가장 생생하게 살아 있을 때이다. 2분 안에 수업을 정리해야 한다. 모든 수업 내용을 정리할 필요는 없다. 수업 시간에 선생님이 가장 강조한 부분, 선생님이 오랜 시간 공을 들여 설명한 부분을 한 번 되짚어 보기만 하면 된다. 2분이라는 시간이 짧다고 여길지 모르지만, 중요한 사항을 정리하는 데는 2분이면 충분하다. 2분의 정리가 기억의 지속 시간을 몇 배로 늘려 준다.

5분은 복습과 예습, 5분은 여유 있게 놀기

2분은 복습, 3분은 예습이다. 5분은 가볍게 복습하고 예습하는 시간으로 활용하도록 어릴 때부터 습관을 들여야 한다. 학원에서도 마찬가지다. 학원 공부할 때도 쉬는 시간의 절반은 예습과 복습에 투자하도록 해야 한다. 학원 선생님에게 아이가 그렇게 하고 있는지 확인을 부탁해도 좋다.

나머지 5분은 쉬는 시간의 즐거움을 누리면 된다. 5분 동안은 충분히 이완한다. 즐거운 마음으로 두뇌가 쉬도록 해 주면 다음 수업 시간에 집중하기가 쉬워진다.

코칭
07

일주일에 2~3회
:: 어려운 문제와 씨름하기

　서술형 시험은 단순한 문제 풀이 능력에서 벗어나 학생들의 생각하는 힘을 길러 주기 위해 시행하는 것이다. 서술형 시험은 단순 암기가 아니라 사고력을 요하는 문제가 대부분이다. 따라서 생각하는 힘이 뛰어나면 서술형 시험은 쉽고, 그렇지 못하면 서술형 시험이 어렵다. 서술형 시험 능력이란 결국 '생각하는 힘'의 수준을 말한다.

　그렇다면, 생각하는 힘은 어떻게 길러질까? 해답은 간단하다. 생각해야 한다. 생각은 하면 할수록 그 힘이 강해진다. 두뇌는 쓰면 발전하고 안 쓰면 퇴화한다. 그런데 요즘 아이들은 별로 생각을 하지 않는다. 억지 공부에 암기만 열심히 할 뿐 스스로 생각하지 않는다.

스스로 생각해야 한다

필자의 아들은 초등학생인데 질문이 참 많다. 이것저것 궁금한 것이 참 많은가 보다. 어릴 때부터 질문을 하면 항상 잘 들어 주고, 질문을 하는 것을 반가워했기 때문에 어디 가든 질문하는 것을 주저하지 않는다. 때로는 너무나 엉뚱한 질문을 던져서 필자가 당황할 때도 있을 정도다.

아무튼 질문이 끊이지 않는 아들에게 필자는 웬만하면 대답을 해 주지만 조금 생각할 만한 질문이다 싶으면 대답하지 않고 스스로 찾아보게 한다. 자기 힘으로 고민하게 하는 것이다. 그럴 때마다 아들은 싫어하는 기색이 역력하지만 궁금하니 어쩔 수 없이 스스로 생각을 한다. 혼자 골똘히 생각하다 자기 생각이 맞는지 확인하는 질문을 한다. 필자는 맞으면 바로 인정을 하고, 답에 오류가 있으면 가볍게 대화를 나눈다. 생각을 끌어갈 수 있는 힘을 더 실어 주기 위해서이다. 그래도 답은 알려 주지 않는다. 필자는 되도록 한 문제로 길게, 오랫동안 고민하는 것이 사고력을 발전시키는 데 좋다고 여기기 때문에 어떻게든 길게 고민하게 한다.

필자가 진행하는 독서 수업에서도 마찬가지다. 학생들이 스스로 고민할 필요가 있는 주제가 나오면 그냥 쉽게 가르쳐 줄 수 있는 것도 반드시 스스로 연구하게 한다. 자기 힘으로 생각해 보고, 찾아나가는 과정을 거치다 보면 사고력이 저절로 길러지기 때문이다. 학생들에게 중요한 것은 하나의 지식을 아는 것이 아니라, 생각하는 힘을 기르는 것이다. 그러므로 기회가 생길 때마다 스스로 문제를 해결하도록 격려해야 한다.

어렵게 생각해야 한다

쉽게 얻은 지식은 쉽게 사라진다. 어렵게 고민해서 얻어야 온전히 자기 지식이 된다. 요즘 아이들은 너무 쉽게 지식을 얻는다. 학교에 가면 선생님이 가르쳐 주고, 학원에 가면 학원 선생님이 다 가르쳐 준다. 이 밖에 궁금한 것은 인터넷에서 손쉽게 찾아낸다. 지식이 너무 흔하다.

그런데 지식이 흔하다 보니 온전히 자기 지식이 되지 못한다. 쉽게 얻은 지식은 자기 것이 아니다. 그것은 남의 지식이다. 내가 고민하고, 내가 얻은 지식이 아니기 때문에 알아도 활용하지 못한다. 서술형 시험을 잘 보려면 온전한 자기 지식이 많이 쌓여 있어야 한다. 복잡한 자료와 글을 자기 방식대로 해석해서, 논리적으로 답변하려면 완전히 자기 지식이어야 한다. 온전한 자기 지식은 어렵게 고민한 끝에 얻어진다. 그러니 어렵게 고민하는 시간이 많으면 많을수록 좋다.

일주일에 최소한 2~3 문제

일주일에 2~3 문제 정도는 아주 어려운 문제를 오직 자기만의 힘으로 푸는 시간을 보내야 한다. 정말 오랜 시간 고민하지 않으면 풀리지 않는 문제를 붙잡고 씨름하도록 해야 한다. 어려운 문제와 씨름하는 과정에서 생각하는 힘이 길러지고, 해당하는 공부 전체를 되짚어서 생각하게 되며, 지식을 온전히 자기 것으로 만들어 낸다.

힘들게 오랫동안 생각하는 것이 어려울 듯하지만, 실제로는 매우 즐거운 일이다. 대부분의 학생들은 고민 끝에 스스로 문제를 풀어내면 정말 뿌듯해 한다. 그 뿌듯함을 반복하면 공부하는 재미가 저절로 생기고 서술형 시험 점수도 올라간다.

코칭
08

일주일에 1회
:: 마음껏 놀기

　스티븐 나흐마노비치는 바이올린 연주자이자 작곡가, 시인, 교사, 그리고 컴퓨터 아티스트로써 다재다능한 천재다. 전 세계를 돌아다니며 바이올린 즉흥 연주 공연을 하며, 음악과 그래픽을 결합시키는 비주얼 뮤직 분야에서 춤, 연극, 시, 사진, 그림, 영화 등을 다양하게 활용한다. 한마디로 창조의 천재이다. 스티븐 나흐마노비치는 그의 책 ≪놀이, 마르지 않는 창조의 샘≫(에코의 서재)에서 다음과 같이 말했다.

아무리 힘든 노동이라도 즐기는 마음으로 하면 놀이가 된다. 놀이를 통해 우리는 사람, 동물, 사물, 아이디어, 이미지, 우리 자신과 새롭게 상호작용하는 방법을 발견한다. ……(중략)…… 놀이는 우리를 속박으로부터 해방시켜 주고 행동 영역을 넓혀 준다. 놀이를 통해 반응이 풍부해지고 유연한 적응력도 길러 준다. ……(중략)…… 놀이는 창조성의 시작점이다. ……(중략)……놀이가 없었다면 학습이나 진화는 불가능하였을 것이다.

스티븐 나흐마노비치는 놀이야말로 자신이 지닌 놀라운 창조성의 원천이라고 밝히고 있다. 스티븐 나흐마노비치는 자신의 작업도 놀이처럼 한다. 놀이처럼 즐기기 때문에 무한히 즐겁고, 다른 사람들은 상상도 못하는 창의적인 작품이 쏟아져 나오는 것이다.

서술형 시험과 창의성의 관계

서술형 시험을 확대 실시하면서 교육 당국이 가장 강조한 것이 바로 '창의성'이다. 창의적인 인재를 기르기 위해 서술형 시험을 확대 실시한다는 것이다. 그런데 창의성은 서술형 시험을 본다고 해서 길러지지 않는다. 더욱이 학원을 열심히 다니고 학교 수업을 열심히 듣는다고 해서 생겨나는 것도 아니다. 서술형 시험은 창의성을 테스트할 수는 있지만 창의성을 길러 주지는 못한다. 시중에 있는 수많은 창의성 프로그램도 이와 마찬가지다. 그런 프로그램의 대다수는 창의성을 길러 주기보다는 창의성의 수준을 점검하는 수준에 머문다. 진짜 창의성을 길러 주는 것은 놀이밖에 없다. 스티븐 나흐마노비치의 말처럼 창의성은 놀이에서 태어난다. 놀 줄 모르면 창의성은 없다.

실컷 놀게 하라

놀 때는 실컷 놀아야 한다. 찔끔 놀면 노는 것 같지 않다. 정말 신나게 놀았구나 하는 느낌이 들 정도로 놀이에 푹 빠져 들게 해야 한다. 그런데 아이들은 너무 바쁘다. 놀 시간이 너무 없다. 주중에는 실컷 놀만한 시간을 만들기가 어렵다. 반면에 주말은 그렇지 않다. 주말에는 정말 눈치 보지 않고 실컷 놀 기회를 주어야 한다.

실컷 놀아야 만족감이 온다. 실컷 놀아야 창조적인 놀이가 가능하다. 조금 놀면 기존에 자신이 가지고 있던 놀이 패턴이나 형식에서 벗어나지 못한다. 진이 빠지도록 놀면 새로운 놀이가 떠오르고, 창의성이 피어난다. 무엇보다 실컷 놀아야 주중에 공부하면서 어정쩡하게 놀려는 태도가 사라진다. 어차피 주말에 실컷 놀 것이므로, 주중의 공부에 더 집중할 수 있다.

놀이 친구를 만들어라

놀이 친구를 만들어 주어야 한다. 이는 아이의 문제가 아니라 부모들의 문제다. 많은 부모들이 주말에도 아이들을 공부에 내몬다. 그러니 자신의 아이만 놀게 한다고 해서 놀 수가 없다. 여러 아이들이 어울려 노는 것이 진짜 놀이다. 여러 부모들이 의논을 해서 놀아야 할 필요에 공감하고, 아이들이 서로 어울려 실컷 놀게끔 해 주어야 한다.

물론 아이들 스스로 무리를 지어서 노는 것이 가장 바람직하지만, 요즘 도시 아이들은 같이 놀 친구를 발견하기가 쉽지 않다. 부모들이 주변 커뮤니티를 활용해서 함께 놀 어우러짐의 공간과 기회를 만들어 내는 노력이 필요하다.

컴퓨터 게임은 놀이가 아니다

아이들을 그냥 놀게 하면 컴퓨터 게임을 하거나, 휴대전화, 닌텐도, PMP 같은 것을 들고 논다. 그것은 창의력을 기르는 놀이가 아니다. 그런 놀이로는 창의력이 전혀 길러지지 않는다. 왜냐하면 그것은 누군가 이미 만들어 놓은 틀에 갇혀 지내는 것이기 때문이다. 진짜 놀이는 무한 자유 속에서 나온다. 규칙을 스스로 정하고, 재미도 스스로 발견해야 진짜 놀이이고, 그 놀이가 창의력을 길러 준다.

진짜 놀이는 몸으로 노는 놀이이다. 바깥에서 마음껏, 신나게 노는 것이 진짜 놀이이다. 예전에 어른들이 동네를 뛰어 다니면서 했던 다방

구, 자치기, 고무줄놀이, 오징어, 구슬치기, 딱지치기, 나이 먹기 놀이 등이 진짜 놀이이다.

놀게 한다면서 컴퓨터 게임을 하게 하면 오히려 컴퓨터 게임을 더 하고 싶은 유혹에 빠져든다. 컴퓨터 게임과 진짜 놀이는 그 재미가 다르다. 진짜 놀이를 맛본 아이들은 컴퓨터 게임이 시시하게 느껴진다.

부모도 아이의 놀이 친구가 되라

부모도 아이와 놀 줄 알아야 한다. 그것은 놀이 공원 가서 돈으로 모든 것을 해결하는 것과는 차원이 다르다. 들과 산에서, 공원에서, 운동장에서, 아파트 공터에서 아이와 놀 줄 알아야 한다. 뛰어다니고, 부딪치면서 놀 줄 알아야 한다. 부모가 아이의 놀이 친구가 되면 아이는 부모가 진실로 자신을 사랑하고 있다고 느낀다.

부모와 아이의 놀이는 밖에서만 가능한 것은 아니다. 집에서 보드게임을 하는 것도 좋다. 보드게임은 컴퓨터 게임에는 없는 인간관계가 있다. 서로 말이 오가고, 두뇌가 치열하게 부딪친다. 보드게임의 재미는 컴퓨터 게임보다 훨씬 진하다.

공부도 놀이처럼 하게 하라

아이들은 공부를 힘든 일, 고통스럽고 어려운 일로 여긴다. 그러나 스티븐 나흐마노비치 같은 사람은 공부를 지적 유희로 여긴다. 배움의 과정은 재미있는 놀이의 과정이다. 공부는 놀이를 몸이 아니라 머리로 하는 것이다. 머리가 노는 것이 공부이다.

사람은 알아가는 과정을 즐기는 존재이다. 많이 알고, 새로운 것을 알면 뿌듯해 하는 존재이다. 공부를 마치 하나의 놀이처럼 여기게 한다면 지치지 않고 공부하는 놀라운 일이 벌어진다. 언제나 즐기면서 배우기에 힘겨움이 없다.

공부를 놀이로 즐기게 하려면 성적에 얽매이면 안 된다. 지적인 배움의 즐거움을 함께 누리게 해야 한다. 안다는 것의 즐거움을 만끽하게 해야 한다. 지적인 충만감은 늘 사람을 행복하게 한다.

코칭
09

일주일에 1회
:: 약점 분석하기

　시험공부하는 아이들 모습을 가만히 지켜보면 어려운 과목은 뒤로 미루고 쉬운 과목을 먼저 하는 경향이 많다. 아무래도 어려운 것을 먼저 붙잡기가 꺼려지는 탓이다. 잘하는 것은 쉽고 재미있지만, 어려운 것은 재미도 없고 괴롭다. 재미있는 것을 먼저 하려는 심리는 남녀노소 공통이다.

　어려운 것을 먼저 하든, 쉬운 것을 먼저 하든 그것은 개인 선택이다. 그러나 쉬운 것에만 집중하면 실력이 늘지 않는다. 공부란 쉬운 것을 반복하는 것이 아니라 '어려운 것을 알아 가는 과정'이다. 따라서 공부 시간은 어려운 것을 아는 데 최대한 많은 시간을 투자해야 한다.

　어려운 것에 시간을 투자하려면 자신이 어려워하는 것이 무엇인지, 약점이 무엇인지부터 파악해야 한다. 대다수 아이들의 공부습관을 확인해 보면 막연히 과학이 싫다, 수학이 싫다라고 말을 하지 구체적으로 어떤 부분이 약하고, 어떤 부분을 싫어하는지 모른다. 그것은 부모도 마찬가지다.

실제로 수학을 싫어하는 아이들을 가만히 살펴보면 어떤 특정한 단원에 어려움을 겪으면서 그것이 과장되어 수학 전체가 싫어지는 마음으로 발전하는 경우가 많다. 이럴 때는 수학 전체가 아니라 어려워하는 부분에 집중하여 공부를 하게 하고, 그 어려움을 풀어 주어야 한다.

부족한 점을 채우는 것이 공부이다

공부 계획을 세운다는 것은 단지 앞으로 공부할 시간표를 짜는 것만을 말하지 않는다. 계획이란 자신이 부족한 점이 무엇인지 생각하고, 이것을 채워 나가겠다는 결심이다. 따라서 부족한 점을 파악해야만 계획을 세울 수 있다. 각 과목별로 어떤 점이 얼마나 부족한지 검토해야 한다. 반드시 알아야 하지만 모르고 있었던 점들을 정리해서 공부 계획을 세워야 한다.

주말 저녁, 아이와 차분히 앉아 일주일 동안의 공부를 점검해 보고, 부족한 점이 무엇인지에 대해 대화를 나누는 것이 좋다. 이때 아이가 스스로 부족한 점을 찾는 것이 우선이다. 부족한 점을 찾을 때는 막연한 감각이 아니라 구체적인 근거가 있어야 한다. 왜 부족하다고 여기는지 차분하게 점검하면 부족한 점이 명확히 드러난다. 부족한 점이 드러나면 무엇을 공부해야 하는지도 명확해진다.

부족한 점을 채울 때는 어느 수준까지 이해해야 하는지 목표를 분명히 해야 한다. 오랜 시간 책상에 앉아 있는 것이 공부는 아니다. 시간은 중요하지 않다. 중요한 것은 공부를 통해 약점을 극복했느냐다. 자신이 스스로 목표를 설정하고, 그것을 이루기 위해 최선을 다하는 습관을 가질 수 있도록 격려해야 한다.

주말 저녁, 일주일 공부 계획을 세워라

공부는 계획을 세워 차근차근할 때 효과가 크다. 특히 토요일 밤은 부담 없이 차분히 앉아 일주일의 시간을 되돌아보고, 다가올 일주일의 계획을 세우기에 좋다. 토요일이 안 되면 일요일도 좋다.

공부를 점검하고 계획을 세우는 데는 하루 단위보다는 일주일 단위가 적당하다. 날마다 공부 계획을 세우면 장기적인 관점에서 계획을 세우기 어렵다. 한 달을 기준으로 계획을 세우면 기간이 너무 길다. 일주일이 공부 계획을 세우기에는 가장 적당하다.

교과서를 읽고 공부의 흐름을 정리하라

앞에서도 여러 번 강조했지만 교과서는 공부의 기본이다. 교과서를 여러 번 읽어서 교과서를 완전히 자기 것으로 소화하면 공부는 이미 절반 이상 끝난 셈이다. 교과서를 차분히 읽기에 주말만큼 좋은 시간이 없다. 여유롭게 교과서를 읽으면서 일주일 동안 배운 것을 정리하기도 하고, 새롭게 배울 부분을 준비할 수도 있다.

특히 교과서를 볼 때는 전체 체계를 완전히 이해해야 한다. 교과서를 부분적으로만 살피면 지식의 전체 체계를 이해하지 못한다. 전체 흐름을 이해하지 못하면 개별적인 배움이 서로 연결되지 않는다. 교과서의 흐름을 완전히 이해하고, 하나의 전체 체계로서 이해할 때 지식과 지식의 연관성을 파악할 수 있고, 교과서를 온전히 익힐 수 있게 된다.

교과서를 하나의 체계로 이해하려면 교과서를 여러 번 읽어야 한다. 여러 번 읽어서 교과서가 머릿속에 완전히 들어와야 한다. 이때에는 전체 목차, 단원의 목차, 단원의 학습 목표를 반드시 확인하는 것이 좋다. 목차와 목표를 확인하면 전체의 짜임새를 이해하는 데 많은 도움이 되기 때문이다.

언제나
:: 탐색하고 탐구하기

배움은 학교와 학원, 교과서와 참고서에만 있는 것이 아니다. 생활 모든 곳이 배움의 장소요, 우리 주위에 존재하는 모든 것이 배움의 대상이다. 늘 배움에 목말라 있어야 진정한 학생이다.

주위에 관심을 기울이도록 하라

서술형 시험은 교과서에서 배운 지식을 현실의 문제에 적용할 수 있는지 여부를 중요하게 고려한다. 따라서 사회나 과학 문제를 풀 때는 현실 사회, 실제 현상을 자료로 제시한다. 현실을 모르는 아이들, 현상을 제대로 관찰할 줄 모르는 아이들은 이런 문제가 나오면 곤혹스러울 수밖에 없다.

현실에 관심을 기울여야 하는 이유가 단지 시험에 나오기 때문만은 아니다. 교과서는 결국 현실을 반영한 결과물이다. 현실을 모르면 교과서를 모른다. 사람들의 삶과 문화, 생각과 갈등을 모르는 아이가 교과서에 나오는 글을 읽고 제대로 이해하기를 바라는 것은 무리다.

배운 것을 현실에서 찾게 하라

학교에서 배운 것을 현실에서 찾으면 그렇게 기쁠 수가 없다. 배움을 확인하면 아이들은 뿌듯해 한다. 뿌듯함은 공부를 더 열심히 하게 만드는 동기가 된다. 현실에서 배우는 것은 더 중요한 의미가 있다. 현실에서 새로운 지식을 습득하는 것은 인생에서 정말 필요한 학습 능력이다. 평생 학습을 해야 하는 세상에서 어릴 때부터 현실에서 배우는 힘을 기른 아이가 다른 아이들보다 학습 능력이 우수하리라는 것은 분명하다.

사회에 관심을 기울이도록 하라

세상을 알아야 배움을 안다. 세상을 알면 사회 과목이 쉽다. 신문을 많이 읽고, 뉴스에 관심이 많은 아이들은 대부분 사회 공부를 잘한다. 세상을 많이 알면 국어에도 도움이 된다. 국어에 나오는 글을 이해하기 위해서는 다양하고 풍부한 배경지식이 필요하다. 배경지식이 있어야 글에 나온 상황이나 설정을 온전히 이해할 수 있다. 세상을 모르면 글도 모른다. 이는 영어도 마찬가지다. 낮은 수준의 영어는 세상을 몰라도 되지만, 조금만 수준이 올라가는 글을 이해하려면 세상을 제대로 알아야 한다. 세상을 모르면 영어를 제대로 이해하지 못한다.

그러므로 아이와 함께 세상에 대해 이야기해야 한다. 아이가 신문과 뉴스에 관심을 기울이면 성실하게 대화를 나누어야 한다. 아이가 보낸 관심을 잘 이끌어 주고, 앞으로 계속 관심을 기울이도록 환경을 조성해 주어야 한다.

궁금증을 품고 탐구하게 하라

자기 공부가 굳이 교과서에 머물 필요는 없다. 자기만의 궁금증을 해결하기 위해 탐구하고 연구하는 과정은 뛰어난 학습력을 기르기 위한 필수 요소이다. 자기 스스로 문제를 설정하고, 이를 해결하기 위해 노력하는 사람을 우리는 '학자'라고 부른다. 만약 아이가 스스로 문제를 설정해서 연구하고 탐구해 나간다면 아이도 이미 '학자'라고 할 수 있다. 학자란 이처럼 거창한 것이 아니다.

스스로 질문하고 탐구하는 능력은 머리를 뛰어나게 한다. 관찰력과 사고력을 길러 준다. 자기 나름대로 문제를 이해하고 해석하려는 능력도 길러 준다. 이는 모두 서술형 시험을 잘 보는 데 반드시 필요한 능력이다.

고민을 계속하게 하라

아이가 지적 고민을 하면 일순간에 해결해 주지 말고 오랫동안 고민
하도록 해야 한다. 힘겹고 고생스럽게 지식을 탐구하는 과정은 학문을
하는 사람에게 가장 필요한 덕목이다. 끈질겨야 공부도 잘한다.

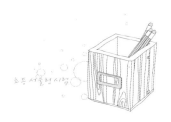

아빠와 함께 하면 서술형에 강해진다

서술형에 강한 아이로 키우는 시간 코칭에는 아빠들이 할 만한 것
이 많다.

:: **코칭 01.** 아침 10분－몸과 마음을 깨우기
:: **코칭 03.** 하루 20분－가족 독서 시간
:: **코칭 05.** 하루 1회－가족 대화 시간
:: **코칭 08.** 일주일에 1회－마음껏 놀기
:: **코칭 10.** 언제나－탐색하고 탐구하기

아침, 아빠가 아이를 깨운다. 아이와 행복한 아침을 맞을 수 있음
에 감사하며 아이를 꼭 안아 준다. 사랑한다고 말하면서! 그런 다
음, 간단하게 몸을 푼다. 집 주변을 아이와 함께 가볍게 산책을 하
면 금상첨화이다.

아침 식사 시간(또는 저녁 식사 시간), 아이와 함께 대화를 한다. 오늘
아빠가 무슨 일을 할 것인지, 아빠가 어떤 일에 관심이 많은지, 요
즘 세상 돌아가는 일은 어떤지에 대해 대화를 나눈다. 아이가 아빠
와 함께 대화를 할 만큼 컸다는 사실을 인정해 주는 것이다. 아이
도 자신이 아는 사실이나 관심 있는 것에 대해 말할 기회를 주고,

하루 일과도 이야기하도록 한다. 밥상머리에서 즐겁게 대화를 나누기만 해도 좋다.

저녁 시간, 10분 정도 함께 책을 읽는다. 이른바 가족 독서 시간이다. 아빠는 아빠의 책을 읽고, 아이는 아이가 읽고 싶은 책을 읽는다. 책을 읽고 가볍게 대화를 나누어도 좋고, 그러지 않고 그냥 책을 읽기만 해도 좋다. 함께 책을 읽기만 해도 아이는 독서 습관이 형성되고, 아빠는 아빠대로 자기 계발을 하는 데 도움이 된다.

주말이나 일요일, 아이와 함께 마음껏 논다. 굳이 돈과 시간을 들여서 놀 필요는 없다. 나무와 공터가 있는 곳이라면 그게 어디라도 놀이터이다. 놀 때는 너무 뻔한 놀이보다는 새로운 놀이를 해 보기를 바란다. 다양한 놀이를 하면 아빠도 노는 재미에 흠뻑 취할 수 있다. 밖에서 놀기 힘들면 집에서 보드게임을 즐겨도 좋다.

평소 아이가 스스로 고민하고 탐색하는 것을 격려한다. 관심을 기울이는 문제, 고민하는 주제에 대해 궁금하다고 물어보고, 열심히 하라고, 멋지다고 격려한다. 가끔씩 대화의 주제를 삼기도 한다. 아빠가 던져 주는 한두 마디 격려가 아이를 생각이 깊은 아이, 스스로 탐구할 줄 아는 아이로 키운다.

아이를 똑똑하고, 열심히 공부하는 아이로 키우는 것은 어렵지 않다. 공부하라는 잔소리를 많이 한다고 해서 공부를 열심히 하지 않는다. 아침을 함께 하고, 대화를 하며, 책 읽고, 놀고, 탐색을 격려하기만 해도 아이는 충분히 열심히 공부한다. 당연한 이야기지만 서술형 시험에도 강한 아이가 된다.

정말 간단하다. 그런데 이렇게 간단한 것을 하지 않는다. 이 간단한 것을 안 해서 학원비를 엄청나게 쏟아 붓는 것이다. 이렇게 아이와 함께 시간을 보내면 학원비 대느라 죽어라 일을 하지 않아도 된다. 학원비를 아끼면 그것이 저축이요, 재테크요, 노후 대비이다. 무엇보다 아이와 사랑을 나누게 되니 얼마나 좋은가?

Part 05

지금까지 서술형 시험을 대비하는 일반 원리를 살펴보았다면

이 장에서는 주요 다섯 과목의 특성에 맞는 서술형 공부법에 대해

살펴볼 것이다. 각 과목별 다섯 가지 키워드를 통해 서술형 시험

만점 전략을 세워 보자.

서술형 만점을
위한 과목별
5가지 키워드

국어 :: 깊이 이해하고 바르게 표현하게 하라

Chapter 01

과거 국어 시험은 '읽기' 능력만을 측정하였다. 하지만 국어 서술형 시험은 '읽기' 능력은 물론 '쓰기' 능력까지도 측정한다. 글을 정확하게 독해하고, 분석하며, 정확한 언어로 표현하는 능력을 키워야만 국어 서술형 시험을 잘 볼 수 있다.

국어 서술형 시험의 5가지 키워드는 ① 주제와 감정, ② 어휘와 맞춤법, ③ 요약과 분석, ④ 배경지식, ⑤ 자기 의견이다.

키워드 01_주제와 감정

글은 글쓴이의 생각을 남에게 전달하기 위한 것이며, 주제란 바로 남에게 전달하고자 하는 생각이다. 결국 글의 핵심은 주제이다. 국어에서 '읽기' 능력을 측정한다는 것은 주제를 얼마나 잘 파악하는지, 즉 글쓴이가 말하려는 바를 얼마나 잘 이해하는지를 평가해 보겠다는 의미이다. 주제를 잘 파악했는지 묻는 질문은 서술형이나 골라잡기나 마찬가지로 중요하다. 그런데 골라잡기와 달리 서술형에서는 글의 주제를 직접 문장으로 쓸 것을 요구한다. 따라서 대충 기억하고 있으면 제대로 답을 하기 어렵다. 따라서 교과서에 실린 글의 주제는 분명하게 파악해야 한다. 다음은 주제를 묻는 서술형 문제다(지면 관계상 문제에 해당하는 자료는 생략했다. 이하 같다.).

Point 문제

Q1. 이 글이 말하고자 하는 바가 무엇인지 쓰시오.

Q2. 이 이야기가 주는 교훈이 무엇인지 쓰시오.

글에는 인물이 등장한다. 인물이 처한 상황과 갈등, 고민들도 드러난다. 독해를 한다는 것은 주제뿐만 아니라 글에 등장하는 사람도 이해한다는 의미이다. 따라서 국어 시험에는 등장인물의 기분, 성격, 말에 관한 질문이 많다. 특히 서술형에서는 주인공의 감정이나 생각을 직접 쓰도록 요구하므로 반드시 이에 대한 대비를 해야만 한다.

Q3. 등장인물의 기분을 생각하여 빈칸에 들어갈 알맞은 말을 쓰고, 그 말을 써야 하는 이유를 적으시오.

Q4. 현지가 되어 민수에게 해 줄 수 있는 말이 무엇인지 쓰시오.

Q5. 다음 그림에 나타난 아이들의 표정에 어울리는 문장을 쓰시오.

○ 부모 도움말

A1. 국어 교과서를 읽고 주제가 무엇인지 정확하게 파악하게 한다.
A2. 이야기 속에 등장하는 인물들의 상황, 생각, 감정을 파악하게 한다.

키워드 02_어휘와 맞춤법

서술형 시험은 어휘력 시험이요, 맞춤법 시험이기도 하다. 어휘의 뜻을 제대로 활용할 줄 알아야 서술형 시험 시 답변을 제대로 할 수 있다. 맞춤법을 제대로 모르면 불필요하게 감점을 당하는 경우가 많다. '가랑비에 옷 젖는다'는 속담이 있듯이 맞춤법 때문에 1~2점을 감점 당하다 보면 전체적으로 큰 점수를 손해 볼 수도 있다. 어휘력과 맞춤법은 서술형 시험을 위한 기본 능력이다.

서술형 시험에서는 어휘를 활용한 시험 문제가 직접 출제되기도 한다. Q6번 문제는 어휘를 활용해서 문장을 만드는 능력이 있는지를, Q7은 속담을 제대로 활용할 수 있는지를 묻고 있다.

Q6. 밑줄 친 두 단어를 활용하여 문장을 완성하시오.

Q7. 보기에 제시한 속담 중 적절한 것을 활용하여 다음 빈칸에 알맞은
문장을 쓰시오.

○ 부모 도움말

A3. 어려운 어휘나 표현법이 나오면 반드시 다른 형식으로 활용해 본다.

A4. 어휘 뜻을 모르더라도 문맥 속에서 어휘의 의미를 파악하는 능력을 기르도
록 한다.

키워드 03_분석과 요약

글 속의 숨은 의미를 묻는 문제는 국어 시험에서 단골로 출제된다.
골라잡기 시험에서 특히 많이 나오는 형식이다. 서술형도 마찬가지다.
특히 서술형 시험은 골라잡기 시험과 달리 글을 직접 분석해서 쓰도록
요구한다. 즉 골라잡기에서는 막연한 감각으로 정답을 찾아내기만 하
면 되었지만 서술형 시험에서는 아이가 직접 정확한 해석을 하여 글로
표현할 것을 요구한다.

Q8. 이 시에서 밑줄 친 부분이 뜻하는 바를 쓰시오.

Q9. 이 글을 읽고 느낀 점을 문장으로 쓰시오.

Q10. 다음 사건의 원인과 결과를 정리하시오.

Q11. 이 글에서 사실과 의견을 나타낸 문장을 각각 쓰시오.

Q12. 이 글에 나타난 문화 현상의 공통점과 차이점을 쓰시오.

국어 공부를 할 때 중요한 대목은 반드시 정확히 의미를 이해한 후에 이를 글로 표현하는 공부를 해야 한다. 막연히 이해하고 넘어가면 막상 글로 쓰려고 할 때 엄두가 나지 않는다. 따라서 늘 연습장을 옆에 두고 쓰면서 공부하도록 해야 한다.

요약은 분석과 글쓰기 능력을 동시에 키우는 방법이다. 글 전체의 구성과 중요도를 정확히 이해해야만 요약하기가 가능하므로, 지속적인 요약 훈련을 통해 글을 분석하는 능력을 길러야 한다.

○ 부모 도움말

A5. 항상 메모하면서 공부하게 한다.
A6. 내용을 요약하는 습관을 꾸준히 기르도록 한다.

키워드 04_배경지식

한편의 글을 제대로 이해하려면 글이 나온 배경과 글에 담긴 배경을 온전하게 이해해야 한다. 배경지식이 없으면 글을 제대로 이해하기가 어렵다. 역사 이야기를 읽는데 역사에 대해 모르면 글을 이해하기 어렵고, 가난한 동네 이야기를 다루는 글을 읽는데 가난한 사람들의 삶에 대해 모르면 글을 이해하기 어렵고, 과학에 관한 글을 읽는데 과학에 관련된 지식을 모르면 글을 이해하기 힘들다. 따라서 배경지식이 풍부한 아이들은 글을 읽고 이해하는 힘도 강하다.

국어의 출발은 독해력이다. 독해력을 기르는 가장 좋은 방법은 배경지식을 키워 주는 것이다. 배경지식을 키우는 방법 중 독서만큼 좋은 것은 없다. 학교에서 국어 공부를 아무리 많이 해도 독서 능력은 길러지지 않지만, 집에서 독서를 많이 하면 학교 국어 실력이 향상된다. 진짜 국어 공부는 '독서'라고 할 수 있다.

세상과 사람, 사회에 대한 관심도 많아야 한다. 글은 세상과 무관한 것이 아니라 세상 속에서 탄생했다. 세상과 사람, 사회에 대한 관심이 높고, 그에 관해 많이 알면 글도 잘 이해할 수 있다.

○ 부모 도움말

A7. 책읽기보다 중요한 공부는 없다는 신념을 가진다.
A8. 세상과 사회, 사람에 대한 관심을 기울일 수 있도록 한다.

키워드 05_자기 의견

골라잡기 시험에서는 자기 의견이 중요하지 않았다. 얼마나 글을 잘 이해했는지만 중요했다. 하지만 서술형 시험에서는 자기 의견을 묻는다. 특정한 자료를 주고 이에 대한 의견을 묻기도 하고, 대립된 의견의 차이를 서술한 뒤에 자기 생각을 물어보기도 한다.

서술형 시험은 독해 능력뿐만 아니라 표현 능력을 측정한다. 자기 자신의 의견을 표현할 줄 모르는 아이, 자기 생각의 근거를 간단명료하게 제시하지 못하는 아이는 서술형 시험을 제대로 치르기가 어렵다. 다음 질문은 의견을 묻는 서술형 문제 유형이다.

Point
문제

Q13. 자신이라면 어떤 선택을 할 것인지를 정한 뒤, 그러한 선택을 한 이유를 쓰시오.

Q14. 이 글에 나타난 주인공의 성격을 서술하고, 그렇게 생각한 근거를 제시하시오.

Q15. 두 사람이 다투고 있는 쟁점을 정리한 후에 자기 의견을 쓰시오.

Q16. 이 글에 나타난 학생들의 태도 중에서 바르지 않은 것을 찾아서 쓰고, 그렇게 생각한 이유를 제시하시오.

교과서를 읽으면서 자기 생각을 표현하게 한다. 부모가 있으면 부모에게, 혼자 공부할 때라도 자기 의견을 간단하게 메모하게 한다. 자꾸 자기 의견을 써 버릇해야만 자기 생각을 체계적으로 표현할 수 있다.

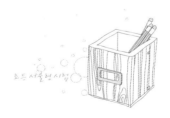

영어 :: 영어를 국어처럼 공부하게 하라

과거 영어 시험은 '읽기' 능력만을 측정하였다. 하지만 서술형 시험은 '쓰기' 능력을 측정한다. 영어 교육을 오랫동안 해왔지만 학생들의 쓰기 능력이 제대로 길러지지 않았다는 점에서 앞으로는 영어 시험에서 쓰기 교육이 더욱 강화될 것으로 보인다. 초등 영어 시험에서 주로 출제되는 서술형 문제 유형은 다음과 같다.

Q1. 다음 그림을 보고 괄호 안에 적당한 문장을 쓰시오.

Q2. 다음 질문에 알맞은 답을 쓰시오.

Q3. 길에서 만난 외국인에게 안내를 하려고 합니다. 지도를 보고 어떻게 안내해야 하는지 쓰시오.

Q4. 주어진 단어를 활용하여 적절한 표현을 쓰시오.

Q5. 그림을 통해 알 수 있는 현주의 상태를 쓴 뒤, 현주가 무엇을 해야 하는지 쓰시오.(두 문장으로 쓰시오.)

Q6. 다음 대화를 읽고 그림에 알맞은 질문과 대화를 쓰시오.

영어 서술형 시험의 5가지 키워드는 ① 대화 상황 이해하기, ② 교과서 읽기, ③ 문장 흉내 내기, ④ 어휘 활용 능력, ⑤ 영어 독서의 힘이다.

키워드 01_대화 상황 이해하기

예시된 문제에서 확인할 수 있듯이 영어 서술형 시험에서는 그림과 대화가 주어지는 경우가 매우 많다. 초등학교 영어 서술형 시험은 수준 높은 독해나 표현력을 요구하지 않고, 일상생활 속에서 적절한 표현을 활용하는 능력을 기르는 데 초점을 두기 때문이다. 따라서 영어 서술형 시험을 대비할 때는 대화 상황을 이해하고, 그에 맞게 적절한 표현을 쓰는 능력을 길러야 한다.

키워드 02_교과서 읽기

서술형 시험에 나오는 대화나 상황은 거의 대부분 교과서에 있다. 따라서 교과서를 충실히 읽고, 교과서에 있는 표현을 정확히 기억하는 것이 영어 서술형 시험을 잘 보는 가장 좋은 방법이다. 특히 영어는 다른 과목보다 교과서에 의존하는 정도가 더 크다. 교과서 표현만 완전히 습득해도 초등학교에서 보는 영어 서술형 시험은 어렵지 않다. 물론 중·고등학교 때도 마찬가지다.

키워드 03_문장 흉내 내기

영어 시험의 표준은 교과서 문장이다. 교과서 문장을 완전히 익히면 초등 영어는 걱정하지 않아도 된다. 그러나 초등학교 교과서에 실린 문장만으로 영어 공부가 충분하다고 여기는 부모는 거의 없다. 실제 영어 공부를 많이 하는 학생들은 초등학교 교과서 수준을 훌쩍 뛰어넘는다. 외국인이 지나가면 초등학생을 붙잡고 길 안내를 부탁해야 한다는 우스갯소리가 있는데, 그만큼 요즘 초등학생들의 영어 실력이 뛰어나다는 말이다.

영어 실력이 매우 뛰어나다고 하더라도 교과서를 무시해서는 안 된다. 교과서는 영어 교육의 기본이기 때문이다. 어쨌든 시험은 교과서에서 나온다. 교과서 문장만 적지 말고, 교과서 문장을 기본으로 해서 다양한 표현을 연습해 보는 것이 좋다. 즉, 문장 형식은 그대로 두고 다양한 단어를 활용해 보는 것이다. 사실 영어를 잘 하기 위해서는 수많은 단어와 문장을 다 기억해야 하는 것이 아니라 기본이 되는 문장 패턴을 기억하고, 이를 적절하게 활용하기만 해도 된다.

영어 실력이 뛰어난 학생이라 하더라도 기본 문장을 바탕으로 다양한 표현을 연습해 보는 것은 중요한 의미가 있다. 영어 실력이 떨어지는 학생들 또한 같은 방식을 사용하는 것이 좋다. 단순한 문장으로 다양한 표현을 하는 법을 연습하다 보면 자연스럽게 영어 실력이 향상된다.

○ 부모 도움말

A5. 교과서에 나온 문장 중에 활용도가 높고 중요한 문장을 선정하여 기억하
게 한다.
A6. 기본 문장을 기억하게 한 뒤에는 다양한 어휘를 사용하여 문장에 변화를
주어 보도록 한다.

키워드 04_어휘 활용 능력

많은 아이들이 학원을 다니며 어휘 암기를 한다. 대부분의 학원에서
는 일정 기간마다 어휘 테스트를 하기 때문에 아이들은 어휘를 외우는
데 많은 스트레스를 받는다. 그런데 이렇게 암기한 어휘를 정작 잘 활
용하지는 못한다. 활용하지 못하는 어휘는 서술형 시험에서는 전혀 써
먹지 못한다.

서술형 시험은 어휘를 많이 암기했다고 해서 높은 점수를 얻는 것이
아니다. 암기한 어휘를 어디에, 어떤 식으로 활용하는지를 정확히 알아
야 서술형 시험에서 자신이 아는 어휘를 써먹을 수 있다. 어휘 공부를
할 때 단순 암기를 지양하고, 활용에 초점을 맞추어야 한다. 어휘 활용
연습을 많이 하다 보면 어휘도 자연스럽게 외워진다.

키워드 05_영어 독서의 힘

영어도 언어다. 언어를 잘하는 가장 좋은 방법은 독서다. 독서를 많이 한 학생이 국어를 잘하듯, 영어 독서를 많이 한 학생이 영어를 잘한다. 필자는 영어 학원 많이 보내는 것보다 집에서 영어 책을 많이 읽도록 하는 것이 영어 공부를 훨씬 잘하게 하는 방법이라고 믿는다. 특히 자신이 좋아하는 분야의 영어 책을 읽으면 좀 더 쉽게 영어 실력을 키울 수 있다. 예를 들어 게임을 좋아하는 아이에게 영어로 된 게임 책을 선물해 주고, 축구를 좋아하는 아이는 축구에 관한 잡지를 선물해 주고, 패션에 관심이 있는 아이는 패션 잡지를 선물해 주면 학습 효과가 매우 빨리 나타난다.

평소 독서를 하지 않는 아이가 언어 실력이 뛰어난 경우는 없다. 독서를 많이 한 학생은 거의 모든 서술형 시험에 강하다. 그것은 영어도 마찬가지다.

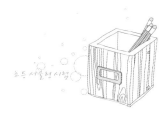

수학 :: 자기 힘으로 교과서처럼 풀게 하라

Chapter 03

수학 서술형 시험은 기존 시험과 다를 바 없다. 서술형 시험이라고 해서 문제 유형이 달라지지 않기 때문이다. 골라잡기와 서술형 시험의 차이점은 바로 '답을 하는 방식'에 있다. 골라잡기와 단답식이 결과만을 요구한다면, 서술형 시험은 풀이 과정을 요구한다.

그냥 답만 쓰는 것보다 풀이 과정까지 쓰는 것이 아무래도 부담스럽다. 그러나 꼭 부담스럽게 여길 일만은 아니다. 골라잡기와 단답식에서는 계산 실수만 해도 틀리지만, 서술형 시험에서는 답이 틀려도 풀이 과정이 어느 정도 정답에 접근하면 부분 점수를 주기 때문이다.

수학 서술형 시험의 키워드는 ① 깔끔하게 풀기, ② 풀이 과정에 글을 써 넣기, ③ 수학 교과서 따라하기, ④ 어려운 문제 끈질기게 풀기, ⑤ 핵심 원리를 자기 언어로 정리하기이다.

키워드 01_깔끔하게 풀기

수학 서술형 시험은 풀이 과정을 평가하는 시험이므로 이를 깔끔하게 써야 한다. 어떤 과정을 거쳐서 답이 나왔는지 누가 보아도 알 수 있도록 정리하지 않으면 답이 맞았다고 하더라도 정답으로 처리하지 않는다. 이젠 어떤 문제를 풀든 풀이 과정을 잘 알아볼 수 있도록 정리해야 한다. 서술형에서 풀이 과정을 강조하기는 하지만, 풀이 과정을 깔끔하게 적으면서 하는 것이 원래 바른 수학 공부법이다.

부모 도움말

A1. 풀이를 정리할 여유가 있는 문제집을 사 준다. 아니면 풀이 노트를 별도로 마련해 준다.

A2. 채점을 할 때 답만 확인하지 말고, 풀이 과정도 확인한다.

키워드 02_풀이 과정에 글을 써 넣기

풀이 과정을 깔끔하게 쓰는 학생들도 풀이 과정에 글을 쓰지는 않는다. 그런데 서술형 시험에서는 풀이 과정에 글을 쓸 것을 요구한다. 다음 문제를 살펴보자.

Q. 현주는 일요일 아침 놀았다. 먼저 9시에 집에서 나와 미숙이네 집까지 가는 데 15분 걸렸고, $2\frac{4}{5}$ 시간 동안 미숙이와 함께 놀았다. 미숙이와 실컷 논 현주는 미숙이와 함께 옆 동네 형주네 집으로 30분 동안 걸어갔으며, 거기서 형주와 $3\frac{3}{5}$ 시간 동안 놀았다. 형주네 집에서 다시 나와서 집에 올 때까지 20분이 걸렸다. 현주가 집에 도착한 시간을 구하시오.

이 문제를 풀이 과정을 깔끔하게 푸는 학생은 대부분 다음과 같이 푼다.

$$\frac{1}{4} + 2\frac{4}{5} + \frac{1}{2} + 3\frac{3}{5} + \frac{1}{3} = \frac{15}{60} + 2\frac{48}{60} + \frac{30}{60} + 3\frac{36}{60} + \frac{20}{60}$$

$$15 + 48 + 30 + 36 + 20 = 149 \qquad \frac{149}{60} = 2\frac{29}{60}$$

$$5 + 2\frac{29}{60} = 7\frac{29}{60}$$

정답
9시 + 7시간 + 29분 = 오후 4시 29분

이 문제를 서술형으로 풀면 풀이 과정은 같지만 푸는 모양이 조금 달라진다.

15분은 $\frac{1}{4}$시간, 30분은 $\frac{1}{2}$시간, 20분은 $\frac{1}{3}$시간이다.

따라서 현주가 집을 떠났다 돌아오는 시간을 계산하는 식은

$\frac{1}{4} + 2\frac{4}{5} + \frac{1}{2} + 3\frac{3}{5} + \frac{1}{3}$ 이다.

분모가 4, 5, 2, 3이므로 분모를 통일하면 60이 되므로

$\frac{15}{60} + 2\frac{48}{60} + \frac{30}{60} + 3\frac{36}{60} + \frac{20}{60}$ 이다.

분자를 더하면

15 + 48 + 30 + 36 + 20 = 149 이므로 $\frac{149}{60} = 2\frac{29}{60}$ 시간이다.

2와 3은 별도로 더하면 5시간이다.

따라서 총 걸린 시간은 $5 + 2\frac{29}{60} = 7\frac{29}{60}$ 시간이다.

출발한 시간이 9시이므로 전체 걸린 시간은

9시간 + 7시간 + 29분 = 16시 29분이다.

정답
오후 4시 29분

이처럼 서술형 시험에서는 글을 쓸 것을 요구한다. 서술형 시험에서 글을 쓰게 하는 이유는 풀이 과정을 정확하게 알고 푸는지, 그냥 기계적으로 푸는지를 평가하기 위함이다. 서술형 시험은 왜 그렇게 푸는지

를 정확히 알 때만 온전한 점수를 준다. 그냥 문제 유형에 맞게 기계적으로 풀기만 하면 서술형 시험에서는 온전한 점수를 주지 않는다.

따라서 수학 문제를 풀 때는 아주 자세히는 아니더라도 문제 풀이 과정 안에 글을 써넣는 연습을 해야 한다. 매번 글을 써넣기가 힘들다면 대표적인 문제 몇 개라도 글을 쓰면서 풀도록 해야 한다.

부모 도움말

A3. 대표적인 유형을 풀 때는 풀이를 하면서 글도 쓰게 한다.
A4. 글을 써 넣는 방식을 가르쳐 줄 때는 해답지에 나온 풀이 글을 참고한다.

키워드 03_수학 교과서 따라하기

서술형 수학 문제 풀이법의 가장 모범적인 형태는 수학 교과서에 담겨 있다. 수학 교과서는 논리와 체계가 매우 뛰어나다. 많은 학생들이 참고서와 문제집을 통해 수학을 공부하는데, 수학 교과서처럼 깔끔하게 풀이 과정이 잘 정리되어 있는 책은 드물다. 따라서 수학 서술형 문제 풀이 연습은 수학 교과서를 참고로 연습하는 것이 좋다.

교과서에 나와 있는 것을 흉내 내다 보면 문제 풀이 과정에 글을 써넣는 것이 크게 어렵지 않게 느껴질 것이다. 이때 주의할 점은 무조건 그대로 베끼거나, 외워서 하려고 하지 말고, 자기 나름대로 글을 넣으면서 풀어 보아야 한다는 것이다. 자기 방식대로 풀어서 최대한 교과서와 비슷하게 쓸 수 있다면 그것으로 서술형 시험 대비는 충분하다.

> ○ 부모 도움말
> **A5.** 교과서에 나와 있는 문제를 서술형이라 생각하고 글을 써넣으면서 풀도록 한다.
> **A6.** 교과서에 나온 풀이법을 근거로 하여 부족한 점을 개선하도록 한다.

키워드 04_어려운 문제 끈질기게 풀기

수학 공부와 관련된 책들에서 찾을 수 있는 공통된 조언은 "어려운 문제를 끈질기게 풀어 보는 경험을 반드시 하라"는 것이다. 힘들게 문제를 풀어 보는 것은 수학을 잘하기 위해서 반드시 필요한 과정이다.

어려운 문제를 끈질기게 푸는 것이 힘들기만 할 것 같지만 의외로 쉽다. 대부분의 아이들은 어려운 문제를 남의 힘으로 풀 때보다 자기 힘으로 끈질기게 노력해서 풀 때 쾌감을 느낀다. 힘겨운 도전은 도전할 때는 귀찮고 싫지만, 성공했을 때 얻는 쾌감은 이루 말할 수 없이 크다. 수학을 싫어하는 아이들은 수학 문제를 힘들게 푼 경험이 그리 많지 않다. 반면에 수학을 좋아하거나, 잘하는 아이들은 수학 문제를 힘들게 풀어 본 경험이 많다.

골이 깊으면 산도 높다. 힘겨움이 크면 기쁨도 크다. 수학이라는 학문은 너무 쉽게 하면 안 된다. 어렵게 해야 재미도 늘어나고, 수학 실력도 늘어난다. 무엇보다 수학은 양으로 접근하면 안 된다. 어려운 문제 몇 개를 깊이 탐구하는 것이야말로 수학 공부의 본질에 가장 근접한 것이라 할 수 있다.

수학은 계산과 숙련이 아니라 사고력을 기르는 학문이다. 특히 서술형 시험은 단순한 계산 능력이 아니라 '수학적 사고력'을 측정한다. 서술형 시험에 맞는 수학 능력을 기르기 위해서도 단순 반복적 문제 풀이보다는 어려운 문제를 오랫동안 고민하면서 푸는 경험을 자꾸 쌓아야만 한다.

○ 부모 도움말

A7. 너무 많은 문제 풀이 때문에 수학을 지겹게 느끼지 않도록 한다.
A8. 어려운 문제를 스스로 힘으로 풀 수 있도록 격려하고, 문제를 푼 후에는 함께 기뻐한다.

키워드 05_핵심 원리를 자기 언어로 정리하기

수학 서술형 시험은 풀이 과정을 정확히 쓰는 것이 중요하다. 풀이 과정을 정확히 쓰기 위해서는 첫째, 문제 풀이의 핵심 원리를 정확히 이해하고 있어야 한다. 핵심을 이해하지 못하면 문제가 요구하는 풀이법을 정확하고 깔끔하게 쓰기 어렵다. 둘째, 자기 방식대로 원리를 이해하고 있어야 한다. 누군가가 설명해 준 언어, 자기 식으로 소화가 되지 않은 언어를 자기 손으로 쓰기는 매우 어렵다. 오직 자기 안에 완전히 소화가 된 언어만이 글로 쉽게 표현할 수 있다.

따라서 수학 공부를 할 때는 문제 풀이에만 너무 매달리지 말고 핵심이 되는 원리를 자기 방식대로 정리하는 과정을 반드시 거쳐야 한다. 누군가에게 원리를 설명할 수 있을 정도가 되면 완벽하게 자기 식대로 정리했다고 볼 수 있다. 그러므로 부모님이나 친구에게 자신이 아는 원리를 설명해 주는 것이 좋다.

○ 부모 도움말

A9. 문제 풀이에만 매달리게 하지 말고 원리를 자기 방식대로 정리하는 시간을 갖도록 한다.
A10. 부모에게 수학 원리를 설명해 보라고 한다.

사회 :: 자신의 눈으로 세상을 보게 하라

Chapter
04

　대부분의 사회 서술형 시험에는 자료가 제시된다. 즉, 그림, 글, 사진, 도표, 그래프 등이 주어지고 이를 근거로 하여 문제를 풀도록 한다. 반면에 골라잡기 문제나 단답식은 반드시 자료가 주어지지 않는다. 따라서 사회 서술형 시험을 잘 보려면 자료 해석 능력이 필수라고 할 수 있다.

　사회 서술형 시험의 5가지 키워드는 ① 세상에 관심 갖기, ② 뉴스 보기, ③ 핵심 정리하기, ④ 숫자와 이미지 속에 숨은 진실 찾기, ⑤ 자기 의견 말해 보기이다.

키워드 01_세상에 관심 갖기

사회는 교과목 이름처럼 사회를 탐구하는 과목이다. 아무리 사회 시험 점수가 높다고 하더라도 정작 사회에 관심이 없다면 그 점수는 모래 위에 지은 성처럼 쉽게 무너질 수 있다. 대부분 사회 공부를 잘하는 아이들은 사회에 대한 관심이 많다. 역사에 대한 관심이 높으면 역사 공부를 잘하고, 지리에 대한 관심이 높으면 지리를 잘하며, 경제 문제에 관심이 많으면 경제 공부를 잘한다. 사회 과목 점수는 아이가 쏟는 관심의 크기에 비례한다.

사회에 대한 관심은 단순히 사회 점수에만 머물지 않는다. 사회를 이해하면 글을 이해하는 능력이 길러져 국어와 영어 실력도 덩달아 향상되는 효과가 있다. 세상을 이해하게 되면 글을 이해하는 힘도 커지기 때문이다.

아이들도 사회적 존재이므로 세상에 관심을 갖는 것은 당연하다. 따라서 부모들은 아이들의 사회적 관심을 애써 누르려 하지 말고 적극 권장해야 한다. 무엇보다 대부분의 사회 서술형 시험은 사회에 관련된 자료를 주고 이에 대한 해석이나 의견을 묻는다. 사회에 대한 관심이 높은 아이는 사회 서술형 시험이 쉽다.

세상과 사회에 대한 관심은 단지 성적에만 영향을 끼치는 것이 아니다. 세상을 아는 아이는 자기 꿈이 구체적이고, 이 세상을 살아가려면 어떻게 해야 하는지 다른 아이들보다 더 빨리, 깊이 고민한다. 세상 물정 모르는 아이가 세상을 향한 꿈을 품기는 어렵다. 세상을 알면 꿈도 구체적이고, 더 강력하게 자라난다.

키워드 02_뉴스 보기

세상에 대한 관심은 일차적으로 뉴스에 대한 관심으로 나타난다. 뉴스는 지금 현재 세상 사람들이 살아가는 모습이다. 뉴스 속에 세상 모든 것이 담겨 있다. 그러니 아이 수준에 적당한 뉴스는 적극적으로 접하도록 해 주어야 한다.

학교에서 배우고 있는 것과 연관된 뉴스를 접하도록 하면 학습 효과가 배가 된다. 자기가 배운 지식이 그대로 뉴스에 나오면 저절로 기억을 한다. 학습 효과뿐만 아니라 자신이 배우는 지식이 세상을 살아나가는 데 참으로 유용하다는 생각이 들면서 학습 의욕도 북돋워진다.

뉴스 보기를 하라고 해서 반드시 신문을 볼 필요는 없다. 물론 아침마다 정기적으로 신문을 보면 좋기는 하겠지만, 스마트폰과 인터넷 등이 발전한 현실에 맞게 전자 기기를 적극 활용해도 좋다. 중요한 것은 꾸준함이다. 꾸준히 뉴스를 보다 보면 세상 돌아가는 것을 알게 되고, 우리 사회를 이해하는 힘도 커지며, 가치관 형성에도 도움이 된다.

키워드 03_핵심 정리하기

서술형 시험은 과목의 핵심에서 나온다. 사회도 마찬가지다. 다만 그
형식이 자료를 활용하는 방식으로 나올 뿐이다. 다음은 대표적인 사회
서술형 문제이다. 문제를 보면 자료 해석을 요구하는 것 같지만, 실제
로는 교과서에서 배운 핵심 내용을 알고 있는지를 서술형으로 물어본
것일 뿐이다.

Point
문제

Q1. 위 자료를 통해 알 수 있는 우리 문화의 우수성은 무엇인지 쓰시오.

Q2. 위 자료에 나타난 우리나라 사회의 문제점은 무엇인지 쓰시오.

Q3. 도구가 (가)에서 (나)로 발전하면서 발생한 변화를 두 가지 쓰시오.

사회 서술형 문제를 잘 풀려면 다른 과목과 마찬가지로 교과서에서
배운 핵심 내용을 잘 기억해야 한다. 잘 기억하기 위해서는 정리를 잘해
야 한다. 자기 머리로 교과서 핵심을 정리하면 자료가 주어졌을 때 그

에 맞게 핵심 내용을 꺼내어 글로 표현할 수 있다.

키워드 04_숫자와 이미지 속에 숨은 진실 찾기

자료 해석형 서술형 문제를 풀려고 할 때 어려운 점은 다음 두 가지이다. 첫째, 아는 것을 글로 표현하기가 쉽지 않다. 이러한 어려움을 극복하려면 쓰고 말하는 연습을 충분히 해야 한다. 둘째, 자신이 기억하고 있는 핵심과 자료 사이의 연관성을 찾기 어렵다. 서술형 시험이 어려운 이유가 여기에 있다. 골라잡기나 단답식으로 물어보면 알고 있는 것이 분명하지만 그러나 자료를 주고 해석하게 하면 답을 하지 못한다. 자신이 아는 지식이 이 자료와 일치하는지 확신이 들지 않기 때문이다. 서술형 시험에서 자료가 주어지는 형식이 대부분을 차지하는 이유는 바로 이 때문이다. 정확히 알고 있어야만 자료를 해석하여 자신이 알고 있는 지식과 연결시킬 수 있기 때문이다.

다음 문제는 자료 해석을 정확히 해야만 제대로 된 답변을 할 수 있는 문제들이다. 그림은 지면 관계상 싣지 않았다.

Point
문제

Q4. 표 A와 표 B의 비교를 통해 표 B가 더 효율적인 경제 활동인 이유를 쓰시오.

Q5. 다음 그래프를 통해 알 수 있는 것을 쓰시오.

Q6. (가) 지도가 (나) 지도에 비해 좋은 점을 두 가지 쓰시오.

이 문제를 풀 때는 그림과 그래프, 숫자에 담긴 의미를 정확히 해석해야만 핵심 원리를 서술할 수 있다. Q4번은 표에 주어진 숫자를 해석해야 하고, Q5번은 그래프에 담긴 의미를 해석해야 하며, Q6번은 지도 그림이 어떻게 다른지를 먼저 파악해야 한다. 모두 해석을 하고 난 뒤, 핵심에 접근하는 방식을 취하고 있다.

자료 해석형 문제를 잘 풀기 위해서는 숫자, 그래프, 이미지, 도표 등을 자꾸 보고 그 의미를 해석하는 훈련을 많이 해야 한다. 특히 교과서에 실린 숫자, 그래프, 이미지, 도표는 서술형 시험에서 형태만 살짝 바꾸어 자주 출제되므로 그 의미를 정확히 기억해야 한다.

○ 부모 도움말

A7. 교과서에 실린 자료들은 꼼꼼히 살피면서 그 의미를 이해하게 한다.
A8. 뉴스에 나오는 도표나 그림, 숫자들을 보고 그 의미를 함께 해석해 보도록 한다.

키워드 05_자기 의견 말해 보기

골라잡기와 단답식 시험에서는 학생의 의견을 묻지 않았다. 그냥 기억하는 수준만 물어보았다. 그러나 서술형은 다르다. 서술형에서는 의견을 물어본다. 주어진 상황, 사건에 대해 자기 의견이 분명한지를 묻는다. 자기 생각을 체계적으로 표현할 줄 알아야만 이런 문제에 제대로 답할 수 있다.

Point
문제

Q7. 우수한 우리 문화재를 보존하기 위해 우리가 할 수 있는 일은 무엇이 있는지 쓰시오.

Q8. 다음 신문 기사와 같은 문제점을 해결하기 위해서는 어떻게 해야 하는지 해결방안을 쓰시오.

Q9. 위 자료에 나타난 우리나라 경제의 문제점을 해결하기 위한 방법을 두 가지 쓰시오.

자기 생각을 표현할 기회가 평소에 많아야 한다. 익숙해야 잘한다. 그리고 공부를 할 때도 단순히 암기만 하지 말고, 교과서에 실린 사건들에 대해 자기 생각을 간단하게 써 보는 연습을 하는 것이 좋다.

○ 부모 도움말

A9. 뉴스나 책을 보고 자기 의견을 말하게 한다.
A10. 부모와 아이가 함께 토론을 즐긴다.

과학 :: 과학적 사고력을 기르게 하라

Chapter
05

과학은 사회와 다루는 분야만 다를 뿐 비슷하다. 사회 과목이 사회를 탐구 대상으로 삼는다면, 과학 과목은 자연을 탐구 대상으로 삼는 것만 다르다. 따라서 과학의 키워드도 사회와 비슷하다. 과학의 5가지 키워드는 ① 호기심 갖기, ② 현실에서 교과서 발견하기, ③ 생각으로 실험하기, ④ 핵심 원리 정리하기, ⑤ 과학 책 읽기이다.

키워드 01_호기심 갖기

사회를 잘하려면 사회에 관심을 가져야 하듯이 과학을 잘하려면 과학에 관심을 가져야 한다. 과학에 관심을 갖는다는 것은 단순히 과학을 좋아한다는 의미가 아니다. 과학의 핵심은 호기심이다. 자연의 원리를 궁금해 하고, 알아내고 싶다는 욕심이야말로 호기심의 원천이다.

우리의 일상생활은 온통 과학으로 둘러싸여 있다. 세상은 과학이다. 따라서 일상에서 접하는 무수한 현상들은 전부 과학적 호기심의 대상이다. 호기심은 인간의 본성이다. 호기심을 마음껏 발휘할 수 있도록 지지만 해 주어도 과학에 대한 관심이 자연스럽게 커진다.

○ 부모 도움말

A1. 과학적 호기심을 적극적으로 장려한다.
A2. 호기심을 가질 수 있도록 신기한 자연현상이나 과학적 사실을 알려 준다.

키워드 02_현실에서 교과서 발견하기

아이들은 과학을 책속의 과학으로 여기는 경향이 있다. 과학이 책속에 갇히면 재미가 없다. 과학이야말로 살아 숨쉬는 학문이다. 살아 있는 과학을 책속에 가두면 과학에 대한 호기심이 길러질 수 없다.

책속의 과학을 일상으로 끌어내야 한다. 그러기 위해서는 과학 교과서가 다루고 있는 원리를 발견해야 한다. 기상을 배웠으면 하늘에서 그 원리를 발견하고, 운동 법칙을 배웠으면 운동 법칙을 일상에서 발견해야 한다. 일상에서 교과서에 나온 과학의 법칙을 발견할 때마다 아이는 과학을 신기하게 여기고 호기심이 커진다.

교과서에서 배운 과학을 현실에서 자꾸 발견하도록 격려해야 한다. 특히 부모가 과학 교과서에 나온 내용을 파악하여 똑같은 현상이 발견될 때마다 확인해 주면 아이에겐 정말 재미있는 경험이 된다. 이런 경험이 몇 번 쌓이면 아이는 스스로 현실에서 교과서 속의 과학을 발견하려고 애쓰게 된다.

과학 서술형 시험에서는 '현실에서 과학의 원리 발견하기' 형태가 많이 출제된다. 단순 지식이 아니라 현실에 적용하고, 변화시키는 힘을 키우는 것이 과학 교육의 목적이다. 이를 충족시키기 위해 현실 상황과 과학을 연결시키는 서술형 문제는 앞으로도 계속 출제될 것이다.

Point 문제

Q1. 다음 그림과 같은 방식으로 물이 순환하는 예를 두 가지만 쓰시오.

Q2. 생활에서 바람이 부는 것을 알 수 있는 현상 세 가지를 쓰시오.

Q3. 다음 사진은 일상에서 많이 볼 수 있는 것이다. 이 사진을 통해 알 수 있는 과학적 원리는 무엇인지 쓰시오.

○ 부모 도움말

A3. 교과서에서 다룬 과학을 미리 파악하여 현실에서 발견하는 재미를 느낄 수 있도록 해 준다.

A4. 아이가 현실에서 과학적 지식을 발견하도록 격려한다.

키워드 03_생각으로 실험하기

사회 서술형 시험이 자료를 주고 이를 해석하는 형태로 나온다면 과학은 실험을 주고 이를 해석하는 문제가 주를 이룬다.

Point 문제

Q4. 다음 실험을 통해 알 수 있는 사실 두 가지를 쓰시오.

Q5. 다음 일기도를 통해 알 수 있는 사실을 세 가지 적으시오.

실험은 직접 해 보아야 한다. 직접 해 보면 실험이 온전히 자기 것이 되어 오랫동안 기억하게 된다. 현실적인 여건상 교과서에 담긴 많은 실험들을 모두 해 볼 수 는 없다. 이때 필요한 것이 '생각으로 실험하기'이다.

'생각으로 실험하기'는 실험 상황을 머릿속으로 그려가면서 시행하는 실험이다. 과학 역사에서 보면 갈릴레이 갈릴레오와 아인슈타인의 사고 실험이 아주 유명하다. 역사상 가장 위대한 과학자인 이들은 오직 생각만으로 위대한 진리를 발견해 내었다. 인간의 생각은 실제 실험을 하지 않고도 실제 실험을 한 것과 같은 효과를 발휘하기도 한다.

'생각으로 실험하기'는 다음과 같은 5단계를 거치게 된다.

1단계. 실험을 하는 목적을 분명히 인식한다.

2단계. 실험을 어떤 식으로 진행하는지 실험 방법과 형식을 떠올린다.

3단계. 실험을 하면 어떤 현상이 벌어지는지를 떠올린다.

4단계. 실험의 결과를 정확히 떠올린다.

5단계. 실험이 지닌 의미를 명확히 정리한다.

1단계에서 5단계를 거치면서 '생각으로 실험하기'를 진행하다 보면 실험이 지닌 의미를 정확히 파악하게 되고, 이 실험을 활용해서 출제된 서술형 시험도 쉽게 풀 수 있다. '생각으로 실험하기'가 어렵다면 종이에 그림을 그려가면서 생각 실험을 해 보는 방법도 권장할 만하다. 이때는 실험 목적이나 과정, 결과 등을 간단하게 글로 표현하면서 정리하면 효과가 높다.

○ 부모 도움말

A5. 교과서에 나온 실험을 꼼꼼하게 살피면서 공부하도록 한다.

A6. 교과서에 나온 실험을 아이의 머릿속으로, 또는 그림을 그리면서 처음부터 끝까지 재현해 보도록 한다.

키워드 04_핵심 원리 정리하기

사회와 마찬가지다. 자료 해석 문제는 핵심 원리를 자료를 통해 확인하는 방식의 서술형 시험이다. 핵심 원리를 정확히 기억하고 있으면 서술형 시험이 쉽다. 당연한 말이지만 실험이나 현실, 주어진 자료나 그림 등이 핵심 원리와 어떻게 연결되는지를 잘 파악하고 있어야 한다.

키워드 05_과학 책 읽기

문학 책을 많이 읽는 아이는 국어를 잘하고, 역사나 경제 관련 책을 많이 읽은 아이들은 사회를 잘한다. 과학도 이와 마찬가지다. 과학 책을 많이 읽은 아이는 과학을 잘한다. 풍부한 독서보다 해당 과목의 실력을 키워 주는 좋은 방법은 없다. 특히 과학 서술형 시험은 과학 지식을 글로 표현하는 능력을 측정하는 것이므로, 과학책을 많이 읽은 아이들에게 절대적으로 유리하다. 과학책을 많이 읽은 아이들은 과학 지식을 글로 표현하는 방법을 책을 통해 자연스럽게 터득하기 때문이다.

 [부록]

서술형 시험이 아직 초기다 보니 아이들이 서술형 시험을 체계적으로
공부할 만한 문제집이 시중에 부족한 형편이다. 그나마 나와 있는
서술형 문제집의 문제들도 단답식에서 크게 벗어나지 못하기 때문에
서울시 교육청이나 경기도 교육청 등에서 나온 서술형 문제 유형과
비교하면 수준이 많이 떨어진다. 상황이 이렇다 보니 현재 나와 있는
문제집들을 활용하여 서술형 시험공부를 하기에는 어려움이 많다.
그렇다고 서술형 시험 문제를 풀지 않을 수는 없다. 왜냐하면 문제를
풀어 보아야 서술형 시험에 대한 대비를 할 수 있고, 막연한 불안감에서
벗어날 수 있기 때문이다. 이 부록을 통해 필자의 제자들에게만 알려 준
객관식 문제집을 활용한 서술형 시험 문제 풀이법을 소개하고자 한다.

객관식
문제집을 활용한
서술형
시험공부법

객관식 문항을 가리고 푼다

다음 예시 문제를 살펴보자.

Q. 다음 중 선사 시대의 구분이 바르게 된 것은 무엇입니까? 〈　〉

구분	구석기	신석기
① 도구	간석기	뗀석기
② 집	움집	동굴
③ 음식 얻기	농사	사냥
④ 지배자	없었다	있었다
⑤ 유물	주먹도끼	갈판

　　역사를 조금이라도 공부했다면 쉽게 풀 수 있는 문제이다. 답은 ⑤번
이다. 이렇게 답만 선택하고 넘어가는 것이 바로 골라잡기식 문제 풀이
방법이다. 이 방법은 서술형 공부에 전혀 도움이 되지 않는다. 이 문제
를 활용하여 서술형 공부를 하는 방법은 매우 간단하다. 종이로 아랫
부분을 가리는 것이다.

Q. 다음 중 선사 시대의 구분이 바르게 된 것은 무엇입니까? 〈   〉

구분	구석기	신석기

이렇게 종이로 선택지를 가리고 글로 답변을 써 보는 것이다. 골라잡기 문제를 풀 때는 그냥 ⑤번 고르고 끝냈지만, 이렇게 가리고 쓰면 구석기와 신석기에 관해 알고 있는 지식을 전부 머릿속에 꺼내야 한다. 예시 답안은 다음과 같다.

🌱 예시 답
구석기 시대에는 석기는 뗀석기를 쓰고, 동굴에서 생활했으며, 사냥을 주로 하며 생활했다. 반면에 신석기 시대에는 간석기를 쓰고, 움집에서 정착 생활을 했으며, 농사를 지었다.

이렇게 골라잡기식 선택지를 가리고 문제를 풀면 골라잡기식 문제만 있는 문제집으로도 서술형 문제를 푸는 효과를 거둘 수 있다.

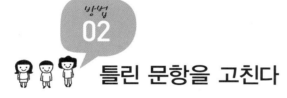

틀린 문항을 고친다

물론 모든 문제를 이런 식으로 풀 수 있는 것은 아니다. 예를 들면 '올바르지 않는 것을 고르시오'와 같은 문제 중에는 서술형으로 직접 쓰기에는 부적절한 경우가 종종 있다.

이런 유형의 객관식 시험은 〈방법 2〉를 통해 서술형 문제 풀이 연습을 할 수 있다. 다음 문제를 살펴보자.

Q. 고조선 시대의 생활 모습 가운데 올바르지 <u>않은</u> 것을 모두 고르시오.

〈   ,   〉

① 오늘은 벼농사를 짓느라 너무 힘들었어. 돼지와 말을 키우는 일은 힘들지만 보람 있어.
② 점심 때는 콩을 발효시켜 만든 된장과 간장을 맛있게 먹었지.
③ 곡식이나 과일로 술을 빚어 민무늬 토기에 먹으니 정말 좋네.
④ 저녁에는 빨갛고 매운 고춧가루를 먹었어. 역시 우리 김치가 최고야.
⑤ 청동기가 생기면서 농사를 청동기로 짓기 시작했어. 그래서 수확량이 많이 늘었지.

정답은 ④번, ⑤번이다. 이런 문제를 풀 때 대부분의 학생들은 그냥 ④, ⑤번을 고르기만 하고 별도로 메모를 하거나, 쓰지 않는다. 그런 방식이 바로 골라잡기식 시험 문제 풀이이다. 서술형 시험 문제에 대비하려면 틀린 문항을 고를 때는 그게 왜 틀렸는지 반드시 써야 한다. 틀린 이유를 쓰다 보면 자연스럽게 서술형 공부가 된다. 이 문제를 서술형 풀이법을 적용하여 풀어 보면 다음과 같다.

Q. 고조선 시대의 생활 모습 가운데 올바르지 <u>않은</u> 것을 모두 고르시오.

〈 , 〉

① 오늘은 벼농사를 짓느라 너무 힘들었어. 돼지와 말을 키우는 일은 힘들지만 보람 있어.
② 점심 때는 콩을 발효시켜 만든 된장과 간장을 맛있게 먹었지.
③ 곡식이나 과일로 술을 빚어 민무늬 토기에 먹으니 정말 좋네.
④ 저녁 때는 빨갛고 매운 고춧가루를 먹었어. 역시 우리 김치가 최고야.
⑤ 청동기가 생기면서 농사를 청동기로 짓기 시작했어. 그래서 수확량이 많이 늘었지.

 풀이
④ 고춧가루는 임진왜란 때 전래되었다.
⑤ 청동기는 농사 도구로 쓰기에는 너무 귀했다. 청동기 시대 때도 농사 도구는 여전히 석기였다. 철기시대가 되면서 농사 도구가 석기에서 철기로 바뀐다.

제시된 문항 중에서 틀린 내용을 바로잡아 써 보는 과정이 바로 서술형 문제 풀이와 동일하다. 〈방법 2〉에 대한 더 자세한 설명은 ≪중학생이 꼭 알아야 할 시험문제풀이기술≫(이룸나무, 박기복 제)을 참고하기 바란다.

꾸준한 연습이 필요하다

위에서 소개한 방법은 서술형 시험 문제 풀이 훈련뿐만 아니라 골라 잡기식 문제 풀이를 더욱 잘할 수 있는 문제 풀이법이기도 하다. 학생들에게 이 방법을 몇 번만 가르쳐 주면 어떻게 하는지 금방 안다. 방법이 매우 단순하기 때문이다. 그러나 이를 그대로 실천하는 학생들은 매우 드물다. 필자가 알려 주는 방법을 지속적으로 실천하기만 하면 문제 풀이 효과가 2~3배 증가하리라는 것을 보장한다. 당연히 서술형 시험 실력도 늘어난다.

토론하라

"토론보다 좋은 공부 방법은 없다."
"토론보다 머리가 좋아지게 하는 방법은 없다."
"토론보다 서술형 시험에 효과적으로 대비할 수 있는 방법은 없다."

한 사람이 10권의 책을 읽는 것보다 10명의 사람이 한 권의 책을 읽고 토론하는 것이 낫다는 말이 진실이라면 독서보다 토론이 더 중요하다. 토론이 이렇게 중요함에도 학교에서는 서술형 시험은 실시하면서 토론 교육은 하지 않는다.

부모도 마찬가지다. 사교육에 엄청난 돈을 투자하면서 정작 자식과 마주 앉아 토론하는 노력은 기울이지 않는다. 토론을 해야 한다. 아이들에게 토론할 기회를 자꾸 제공해야 한다. 지식을 습득하는 것보다 토론하는 것이 훨씬 중요함을 깨달아야 한다.

지식 정보화 사회에서 지식의 습득은 정보화 도구의 힘을 빌리면 언제든지 가능하다. 그러나 논리력, 판단력, 종합력, 사고력, 창의력, 순발력 등은 정보화 도구의 힘을 전혀 빌리지 못한다. 이는 철저히 인간만의 능력이며, 인간이 지닌 위대한 힘의 원천이다.

토론하지 않고 세계 속에서 대한민국을 빛낼 인재를 길러내는 것은 불가능하다. 어릴 때부터 토론을 가르치지 않고 민주주의가 안정적으로 유지되리라 기대하기는 어렵다. 토론할 줄 모르는 시민은 시민이 아니다. 학교에서도, 가정에서도, 사회에서도 토론 문화를 확산시켜야 한다. 또한 우리 사회의 민주주의를 발전시키기 위해서도 토론만이 살길이다.